サクッとわかる ビジネス教養

所作と気づかい

諏内えみ 監修
マナースクール EMI SUNAI 代表

新星出版社

はじめに

こんにちは。〈マナースクールＥＭＩ ＳＵＮＡＩ〉代表の諏内えみと申します。

この度、本書と出会ってくださったこと、大変うれしく思います。

あなたは、「正解はいったい何?!」と、ビジネスマナーや立ち居ふるまいについて疑問や不安を感じることはありませんか？ 上司や取引先、同期、部下の方との人間関係でお悩みを抱えていませんか？

私のスクールでも、実に数多くの生徒さんたちからビジネスシーンでのふるまいについて質問をお受けします。また、「もっとスマートで〝デキるビジネスパーソン〟になりたい」といったスキルアップ思考の方も多く、スクールをはじめセミナーや講演等でそのスキルをレクチャーさせていただいております。

基本マナーはもちろん、一歩も二歩も進んだ所作や会話術を学ばれた方は、誰しも自信をもってふるまえるようになり、確実に人生が好転しているのです！ あなたも自信たっぷりに堂々とふるまってみたいと思いませんか？

これまで私は、数多く著書の執筆、また、書籍の監修をしてまいりましたが、本書ほどギッシリと情報が詰まった本を手掛けるのは初めて！　まさに「マナーの辞書」「所作と会話の百科事典」と言えるほど、ビジネスシーンで必要な内容を余すことなくご紹介しております。

また、ひと目でわかりやすいイラストも満載！　目でもご納得いただける充実のマナー本に仕上がりました。

周囲から一目置かれるスマートな所作と言葉づかいの他、日常で頻繁に見かける勘違いマナーやＮＧマナーの実例もたっぷり紹介しておりますので、これまでのご自身を振り返り、ぜひ改善、ブラッシュアップなさる機会となっていただけますと幸いです。

あなたは、本書に書かれている所作や話し方をただ実践するだけ！　ぜひ人生をガラッと好転させる経験を楽しみ、味わってください。

諏内　えみ

サクッとわかるビジネス教養
所作と気づかい

Contents

Chapter 1 第一印象のいい人になる

Chapter 2
話し方で好感度アップ

Chapter 3
好印象のメールと電話

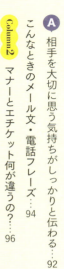

Chapter 4 スマートな訪問・来客応対

Chapter 5 美しい食べ方で好感度アップ

Chapter 6 普段のふるまいも素敵に

デザイン　安食正之　梅里珠美（有限会社北路社）
イラスト　小野寺美恵
取材･執筆協力　小林洋子（有限会社遊文社）
編集　植松まり（株式会社スリーシーズン）

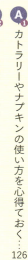

表情

見た目がすべて!

ふるまい

身だしなみ

話し方

人は

知って
いますか？

メラビアンの法則

「メラビアンの法則」とは、1971年にアメリカの心理学者、アルバート・メラビアンによって提唱された法則です。

相手の印象について、人が何を重視するかを調べたところ、視覚情報が55%、聴覚情報が38%、言語情報が7%というウエイトでした。

つまり言葉の内容や意味よりも、表情・しぐさなどの視覚情報や声のトーンといった聴覚情報のほうが、人の印象に大きな影響を与えるといわれています。

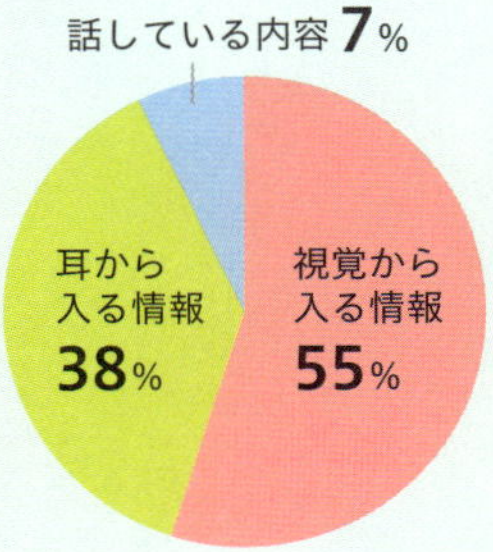
話している内容 7%
耳から入る情報 38%
視覚から入る情報 55%

見た目がよくなければ あなたのよさは伝わらない

仕事で人にお会いしたときに「感じがいい」「いい関係が築けそう」と思う人もいれば「大丈夫かな？」「つき合いにくそう」と感じる人もいます。そんな第一印象を決めるのは〝見た目〟、つまりその人の身だしなみや表情・話し方・ふるまいなどです。

心理学の研究でも、話す内容がどれだけよくても、見た目が見合っていなければ評価されにくいと言われています（上コラム参照）。そんな大事な〝見た目〟を整えるうえで、欠かせないのが「所作と気づかい」です。

だからこそ
最大の武器になる

人間関係・
コミュニケーションに
欠かせない

人工知能

AI時代

型

所作と気づかいが

敬意

＼ AIの苦手はここ！ ／

- □ 人の心を察する
- □ マニュアルにはない出来事への対応
- □ その場に応じたコミュニケーション

人と人との
コミュニケーションの要は
所作と気づかい

ＡＩ（人工知能）時代の今、所作や気づかいは本当に必要でしょうか？　生活はどんどん便利に効率的になり、昔からの伝統やしきたりは非効率に感じられるかもしれません。

しかし技術が進化しても変わらないのが、人間関係やコミュニケーションの大切さです。相手やその場に合わせて「美しい所作と気づかいで心地いい関係を築く」ことはＡＩには代替できないスキルであり、今こそ大きな武器になります。

1. 表情

にこやかでいることで、相手に安心感を与える

4カ条

2. 身だしなみ

清潔感のある装いや品のいいヘアメイクには信頼感が漂う

3.ふるまい

型通りのふるまいには相手への気づかいが込められている

所作と気づかい

4.話し方

丁寧な言葉づかいと話し方は相手への敬意を感じさせる

所作と気づかいで敬意を伝える

コミュニケーションの要となる「所作・気づかい」とは、具体的に何を指すのでしょうか。

さまざまな定義があると思いますが、本書ではあえて4つのポイントに絞ってお伝えしたいと思います。それが①表情、②身だしなみ、③ふるまい、④話し方です。

この4つを意識していくと、〝見た目〟が格段によくなり、周囲からの評価が上がります。

また周りの方々への敬意を適切に表現できるため、円滑なコミュニケーションや良好な人間関係へとつながっていきます。

目指すのはこんな人

所作がきれい

気づかいができる

好感度の高い人

きれいな所作、相手への気づかいは、「なぜそうするのがいいのか」を理解することによって本当に身についていくもの。「あの人、好感度が高い！」と言われる人を目指しましょう。

- 言葉づかいが丁寧
- 清潔感がある
- 食べ方がきれい
- 相手を不快にさせない言動
- 相手の話を聞く
- 一つひとつの所作が丁寧

- にこやか
- 率先してあいさつをする
- 姿勢がいい
- 思いやりがある
- ネガティブな話をしない
- 謙虚さがある

Chapter 1

第一印象のいい人になる

すっとした立ち姿、丁寧なあいさつ、きれいなお辞儀。それらの動き、自信をもってできますか？ Chapter 1 では、これだけは身につけてほしい所作と気づかいを見ていきます。

Chapter 1

すべてに通じる 所作の基本

「美しい所作」を身につけるために、一つひとつ正しいやり方を覚えないと……と身構えなくても大丈夫。まずは、すべての所作に通じる「これだけは覚えておきたい」基本を紹介します。

この3つを覚えておけば すべてに応用できる

「美しい所作」を作るポイントは3つあります。一つ目は姿勢です。ハイブランドのファッションを身に着けていても、姿勢が悪いと台無しです。背筋のすっと伸びた姿勢を保ちましょう。

二つ目が動きです。〝ながら動作〟は慌ただしく、品のない印象に。一つずつの動作を丁寧に、余白・余裕のある動きを心がけます。

三つ目が手指の使い方です。手は意外に人目につくもの。手指を美しく使えると品が感じられます。

◇ 美しい姿勢

立ったときに耳と肩、くるぶしが一直線上にくるのが基本。座るとき、歩くときもこの背筋の伸びた姿勢をキープ。自分で姿勢がわかりづらいときは、写真を撮ってもらって確認を。

3点が一直線

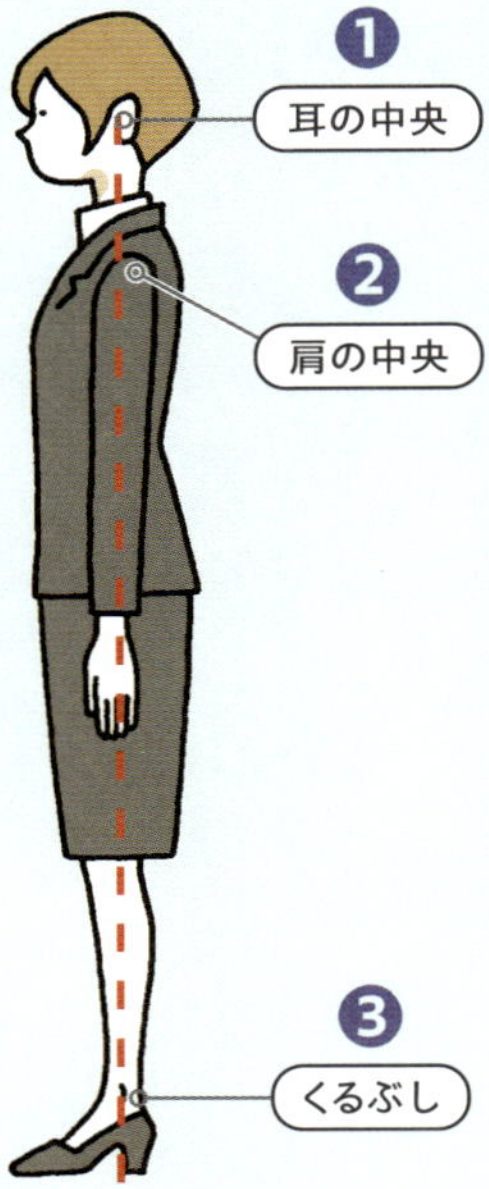

これはNG

✕ 顔や肩が前に出ている

顔や肩がくるぶしより前に出ていると、美しくありません。

丁寧に動く

忙しいと、ドアを閉めながら歩き出すなど〝ながら動作〟が多くなりがち。ドアのほうを向いて閉める→向き直って歩き出すというように動作を一つずつ終わらせ、丁寧に行います。

ドアの方に向き直る

ドアを開けて出たら、ドアの方に向き直ります。

片手も添えて閉める

ドアを閉めるときは、もう片方の手も添えます。

これはNG

× ～しながら動作をする

ドアを後ろ手で閉めながら歩き出すなど、何かをしながらの動作は美しくありません。

指先をそろえる

ぎゅっと握る、わしづかみするという所作は男性的。女性の場合、物を持つときにも握るというより、指先をそろえて添えるようにするとエレガントです。

指先はいつもそろえる

書類は指をそろえて持ちます。受け取るときも指をそろえましょう。

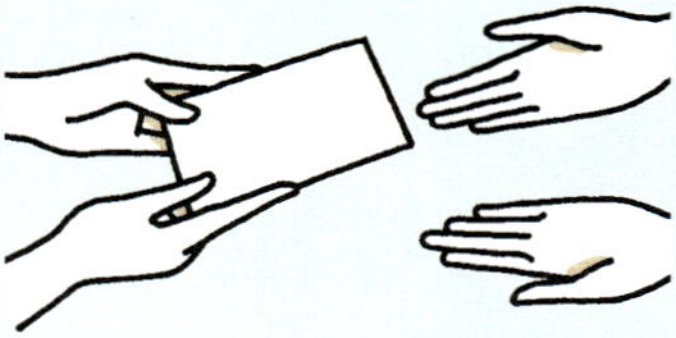

これはNG

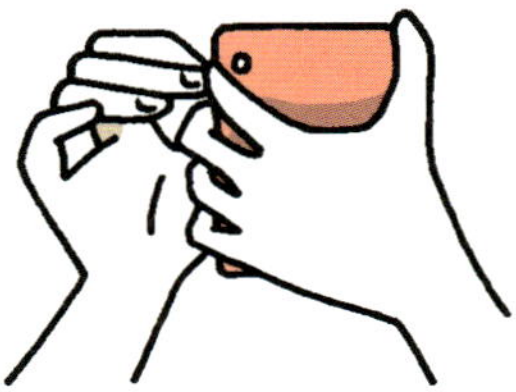

× わしづかみにする

無造作にわしづかみにすると、がさつな印象になってしまいます。

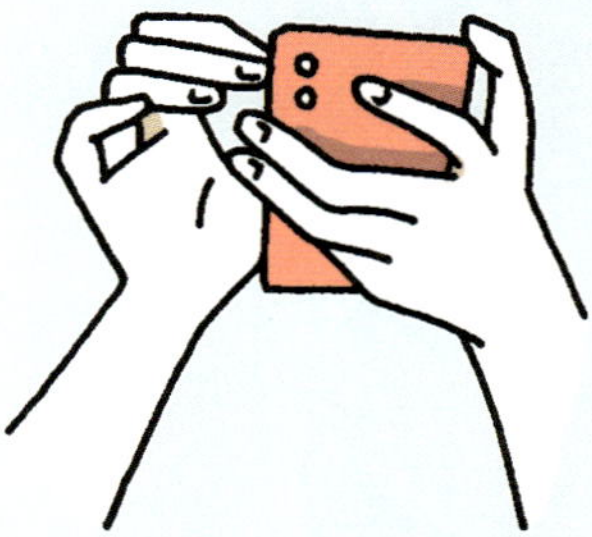

スマホやペンなどの小物を持つときも、指をそろえて持つときれいです。

Chapter 1

敬意・気づかいは型でしか表せない

マナーには決まった「型」があります。型にこだわりすぎると形式的で心が感じられないのでは、と思う人もいるかもしれませんが、むしろ敬意や気づかいを示す最良の方法が「型」なのです。

◇ 敬意・気づかいは型の中にある

マナーの「型」にはその場にふさわしい服装・身だしなみ、丁寧な動作、感じのいい表情や言葉づかいといったさまざまな要素があります。こうした「型」の中にこそ、相手への敬意・気づかいが込められています。

〇〇さん〜の書類がそろいました
〇〇さんはいつもにこやかに対応してくれて仕事しやすい
敬語で話す
相手を敬う気持ちを敬語で表します。
両手で渡す
書類を両手で渡し、相手への敬意を表します。
仕事にふさわしい装い
清潔感があり誠実さも兼ね備えた装いを心がけます。

「型」を身につけるとそこに心が入る

よく、マナーや所作は決まった「型」を覚えることより、相手への敬意や気づかいが重要といわれます。しかし、敬意や気づかいは目には見えません。行動や言葉で表現しなければ、相手には伝わらないのです。

大切なのは、基本的な「型」をしっかり身につけること。日頃から型通りにふるまっていると、自然に心がついてくるようになります。するとお互いを尊敬し信頼し合う、いい関係を築くことができます。

◇ 型通りにふるまうと心もついてくる

最初はぎこちないと感じても、型通りにふるまってみましょう。繰り返すうちに、行動に感謝や敬意・気づかいの心が伴うようになります。そして、心の通った美しい所作があなた自身のものになります。

ほほえみ
口角を上げておくと、相手を好意的に受け入れる印象に。
両手で受け取る
相手の行為を大切に受けとめる。
△△さん ありがとう
△△さんは いつも礼儀 正しいなぁ
体ごと相手の方を向く
顔だけでなく、体も相手の方に向けて、受け入れる体勢に。

Chapter 1

気づかいができる人は ここが素敵

所作や言葉、態度で気づかいを表すには、どうすればいいでしょう。「あの人はいつも感じがいいね！」と言われるためにも、日常の中で実践できるポイントを押さえておきましょう。

自分と周囲を俯瞰し、気持ちのいい行動を

マナーや所作の「型」には、相手への気づかいが込められていると述べました。「型」で目の前の人を大事にすることはできますが、本当に気づかいができる人には、「俯瞰する力」があるといえます。

広い視野をもち、自分を含めたその場の状況を客観的に把握し、周囲の人や目の前にいない他者のことも想像したうえで、誰にとっても気持ちのいいふるまいができる。そんな素敵な人を目指しましょう。

思いやりをふるまいで表せる

困っている人がいたら声をかける、共用スペースを使った後は次に使う人のために椅子やデスクを整えるなど、日頃から他者への思いやりを行動で表すようにしましょう。

その場に合った表情ができる

仕事で真剣な話をしているときは引き締まった表情で、前向きな話題のときは明るいほほえみを浮かべましょう。「口角を2ミリ上げる」を意識すると、自然で柔らかな笑顔になります。

態度に裏表がない

上司には丁重な態度なのに、部下にはぞんざい……というのは感じが悪いもの。部下や目下の人にも丁寧なふるまいを。

ポジティブな言葉づかいをする

批判や悪口、愚痴の多い人で「感じのいい人」はいません。人や物事のいい面に目を向け、ポジティブな言葉を発しましょう。

「ありがとう」を惜しみなく言える

人がしてくれて当たり前と思っていると尊大で不機嫌な態度に。些細なことでも「ありがとう」を惜しみなく贈りましょう。

基本的なマナーを心得ている

マナーの基本的な「型」の知識をもち、日頃から実践していると、いざというときにも適切に対応できる余裕が生まれます。

Q 好印象をもたれる装いとは？

人に会ったときの印象は、目からの情報で左右されるもの。仕事でもプライベートでも、「信頼できそうな人」「安心できる人」など、好印象をもたれる装いを心がけましょう。

KEY WORD

- 違和感がない
- 清潔感
- におい

POINT 1

その場に違和感を与えない

オフィスに行くときでも、食事や遊びに行くときでも、その場の雰囲気に合った装い、周囲と違和感のない装いを考えます。

❖ 普段通りの勤務

スーツなのか、オフィスカジュアルなのか、会社の方針に従った節度のある装いを考えます。会議や打ち合わせなど、その日の予定も確認して。

❖ 初めての人に会う

「はじめまして」のあいさつをするのであれば、ジャケットの着用はマストです。相手に信頼感を与えられるよう、きちんとした装いを。

❖ クライアントの人に会う

クライアントとの関係や会う目的によって、オフィスカジュアルでOKなのか、スーツなのかを判断します。

POINT 2

清潔感がある

「清潔」と「清潔感」は違います。洗濯をした清潔な衣服であっても、シワやシミがあったら台無し。手入れのゆき届いた衣服を用意して。

プライベート

目的や行く場所を踏まえ、どういう装いがふさわしいのかを見極めて服を選ぶことが、好感度につながります。

婚活パーティ

結婚相手を探すことが目的です。男性ならきちんと感のあるカジュアルコーデまたはスーツ、女性なら清楚で優しさの感じられる装いで、第一印象をよくしましょう。

レストラン

ドレスコードは、レストランのホームページに提示されています。事前に確認し、指定された服装を選びましょう。指定がない場合も、ラフすぎないスタイルで。

POINT 3

においに気をつける

香水や柔軟剤のにおい、口臭などは人は指摘しづらいもの。自分のにおいは自分で気をつけましょう。

❖ 今日の天気

汗を大量にかいたときのための着がえ、大雨の日なら履き替え用の靴など、天候によっては「替え」が必要になることもあります。

A 1

その場に違和感がなく清潔感がある装い

こんなところが見られている！

清潔感
シミがない！
体型に合っている！
シワがない！
ほつれていない！
ボタンが取れていない！
毛玉がない！

清潔感は、押さえておくべきマナーの１つ。クリーニングしたばかりのシャツでも、ボタンが１つ取れているだけで「だらしない人」という印象に。清潔感があると装いがピシッと決まり、仕事がデキる印象をもってもらえます。

どこで誰に会うのか、その場の主役は誰か

好印象を持たれる服装とは、第一に**その場に合った装い**であることです。昨今はオフィスの服装も自由度が高くなっています。しかし「自分が好きだから」と商談にカジュアルすぎる服装や和装などでは、周囲との調和がとれません。**「どこで誰に会うのか」「その場の主役は誰か」**をよく考え、その場にいる人が気持ちよく過ごせる服装を選びましょう。

✕ 主張が強い服装

ビジネスでもプライベートでも、自分の主張が強すぎる、その場にそぐわない服装は周りの人に違和感を与えてしまいます。例えば上のイラストのような服装はどうでしょう。自分が目立っていい場なのかなど、立場をわきまえた装いをすることが、好印象につながります。

靴

磨いてあっても、ヒール部分の傷みや靴底のすり減り、インソールの劣化などがあっては、清潔感があるとはいえません。どこから見てもOKな状態に。

めがね

かけている本人は気にならなくても、めがねのレンズは指紋やホコリで汚れています。人の目につく部分なので、こまめに拭く習慣をつけましょう。

その点では、オフィスではスーツが基本になりますし、オフィスカジュアルでOKという職場でも、ジャケットと革靴を用意しておくと、急な来客時などにスマートに対応できます。

「清潔」と「清潔感」は違う

また第二のポイントに挙げたいのは、「清潔感」です。きちんと洗濯された衣類でも裾がほつれていたり、ボタンが取れかかっていたりすれば清潔感は感じられません。靴底のすり減りやめがねの汚れなども確認を。タイトスカートもミニ丈は座ったときに脚が露出するので職場には不向きです。

A 2

ヘアメイク、肌、においの清潔感も忘れない

こんなところが見られている！

顔・髪など

髪

顔の額縁ともいわれる髪。ツヤがあり整った髪には清潔感が漂い、全身を引き立たせてくれます。

メイク

年相応に、品よく明るく。モテていた時代の古いメイクでは、イタい女性になってしまうことも。

鼻毛

せっかく見た目を整えても、鼻毛が出ていたらがっかり。毎朝チェックを。

髪

前髪は目にかからない長さ、お辞儀の際にじゃまにならないスタイルに。肩にフケが落ちていないかもチェック。

ひげ・メイク

伸びかけのひげはだらしない印象に。ひげが濃いという人はオフィスにシェーバーを置いて、午後にも剃って。
メイクをするなら清潔感がアップするようなナチュラルメイクがいいでしょう。

大人の清潔感は、肌や髪などに表れる

清潔感は「見た目」に表れます。**見た目には服装だけではなく、肌や髪、歯などの身体的なコンディションも含まれます。**

慌ただしく時間に追われる生活で睡眠や食事のバランスが崩れると、それが肌や髪にも表れます。多忙な日々の中でも心を落ち着かせる時間を作り、自分自身のケアをしましょう。

女性のメイクやネイルは「その場に合ったもの」を心がけま

汗

汗をかくと、においが気になります。汗拭きシート、制汗剤を用意しておく他、汗っかきの人は、着替えのシャツを備えるなどの対策をしましょう。

口

きれいな口元は、清潔感があり笑顔も素敵です。歯磨き・フロス・歯間ブラシなど毎日のケアはもちろんのこと、定期的な検診は口臭予防にも効果的です。必要ならホワイトニングも。

✓ 香水は万人受けする香りをほんのり

香水や柔軟剤のにおいは、強すぎると周囲が不快なだけでなく、「香りがキツイ〇〇さん」と印象づけられてしまいます。香りを身につけるなら、「万人受けする香りをほんのり香る程度」がマナーです。気になるときは親しい方に「香り、きつくない？」と聞いてみてもいいでしょう。

す。職場ならナチュラルメイクで、ネイルもベージュ系が適切です。男性では髪やひげ、鼻毛が伸びていると見た目で損をしてしまいますから、ご注意を。

他人が指摘しづらい「におい」に注意

見た目のほかに**清潔感を左右するのが、口臭や体臭などの「におい」**です。日頃から口腔ケアを習慣にし、汗をよくかく人は着替えや汗ふきシート、デオドラント製品を用意するなど、対策をしましょう。また強すぎる香水も「香害」になります。においは自分では鼻が慣れてしまって気づきくいので、親しい人に確認するのもいいでしょう。

Q あいさつの極意とは?

朝

おはようございます
おはようございます

一日の始まりは、明るいあいさつから。言葉を発してからお辞儀をするとより丁寧です(語先後礼という)。

あいさつを受けたら、相手以上に気持ちのよいあいさつを返しましょう。

日中

行ってらっしゃい!
行ってまいります

見送る側は、「行ってらっしゃい」。より丁寧にするなら「行ってらっしゃいませ」

外出や離席する際は、行く場所と戻りの時間を伝えましょう。

あいさつをするのはマナーの基本だとわかっていても、社会人経験が長くなるとおざなりになりがち。当たり前のことこそ、きちんと行いましょう。誰にでも気持ちのいいあいさつをする人は、好感度も抜群です。

POINT 1

若い人にも自分からあいさつを

若い人に先んじて模範を示す意味でも、自分からあいさつをしましょう。

KEY WORD

- 自分が先に
- アイコンタクト

これはNG

あいさつをしない・されても返さない

あいさつには相手に心を開く意味もあります。あいさつをしない・無視するのは、「あなたには興味がありません」ということ。信頼関係を築くきっかけをつかむことができません。

アイコンタクトをしない

あいさつの言葉を発したものの、目も合わせずに行ってしまってはあいさつの意味がなく、非常に失礼です。あなたの価値も下げてしまいます。

自分が退勤したことがわかるように、「お先に失礼いたします」とあいさつ。

POINT 2

アイコンタクトで信頼感がアップ

相手の目を見てあいさつをすることで、相手を認めていることが伝わり、信頼できる人、誠実な人という印象をもってもらうことができます。

A

あいさつは自分から先にする！アイコンタクトが決め手

若い人にも自分から あいさつをする

自分から先に

相手が自分に気づいていなくても、率先してあいさつをしましょう。先にあいさつをするといい印象を与えるだけでなく、相手もホッとして緊張がほぐれますし、その後のコミュニケーションのきっかけにもなります。

相手が誰でも自分からあいさつを

上司・先輩には自分からあいさつをするのに、部下や後輩はスルー、というのは感じがよくありません。若い人に率先垂範《そっせんすいはん》する意味でも、**誰に対しても自分から進んであいさつをしましょう。ポイントは笑顔と、前後のアイコンタクト**を忘れないこと。「○○さん、おはようございます」「課長、お疲れさまです」と、**名前などを添えたあいさつ**も気持ちがいいものです。

あいさつの基本の型（語先後礼）

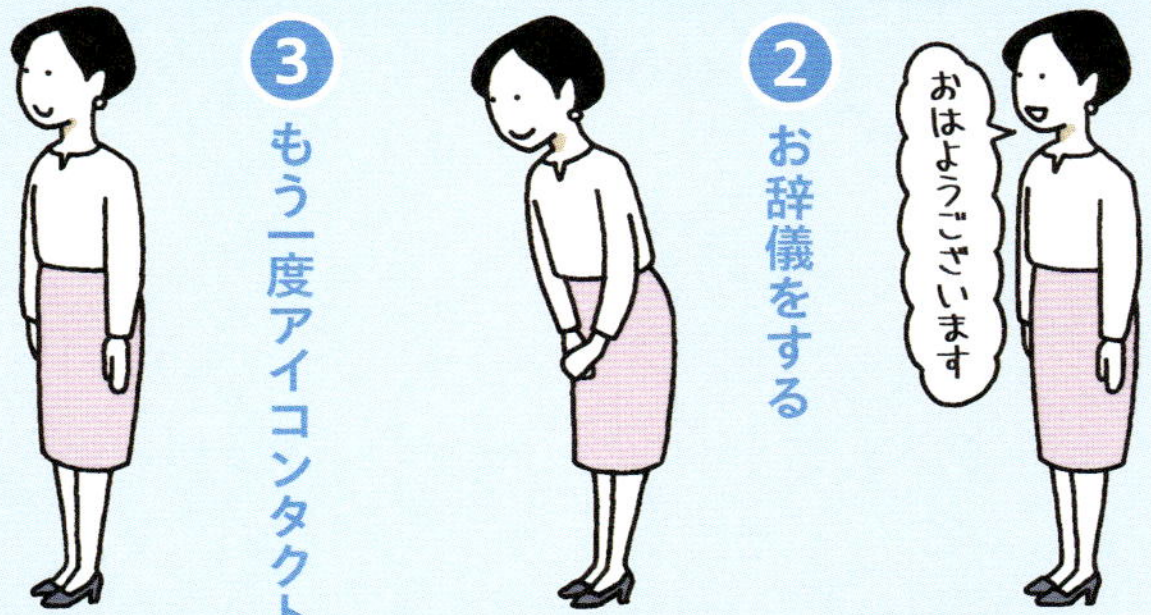

1 立ち止まってアイコンタクト、あいさつの言葉

真っすぐに立ち、相手の方へ体を向け、目を見てあいさつの言葉を発します。

2 お辞儀をする

あいさつのときのお辞儀は30度の「敬礼」(32ページ)。前傾して少し静止します。

3 もう一度アイコンタクト

体を起こしたら必ずもう一度相手の目を見ます。ここまでできて、あいさつが完了です。

あいさつとは相手への敬意

あいさつをしたり、してもらったりすると気持ちがいいのは、あいさつには敬意や感謝が込められているからです。

あいさつとは互いの存在を認めること

「おはようございます」は「お早くから、ご苦労様でございます」、「こんにちは」は「今日は、ご機嫌いかがですか」の略といわれます。つまり、あいさつとは相手への敬意や気づかいを示し、「あなたを認めています」と伝え合う行為でもあります。あいさつをしたのに返してもらえないと不快な気分になるのは、自分の存在を認めてもらえなかったと感じるからです。

時代や環境にかかわらず、**その場を活気づけ、人間関係を円滑にするのに欠かせない**のが、日々のあいさつなのです。

Q

お辞儀の角度で相手に何を伝えるの？

せっかくお辞儀をしても、その場にそぐわなければ、こちらの気持ちは伝わりません。
お辞儀の角度と意味を理解して、頭を下げましょう。

POINT 1

上体を下げて敬意や感謝を伝える

前傾する角度には、15度の「会釈」、30度の「敬礼」、45度の「最敬礼」があります。上体を深く倒すほど、敬意も深くなります。

KEY WORD

・角度
・敬意

敬礼

上体を30度ほど傾けたお辞儀が「敬礼」です。目上の方やお客様との対面、送迎時など、仕事中に行うことが多い、基本のお辞儀です。

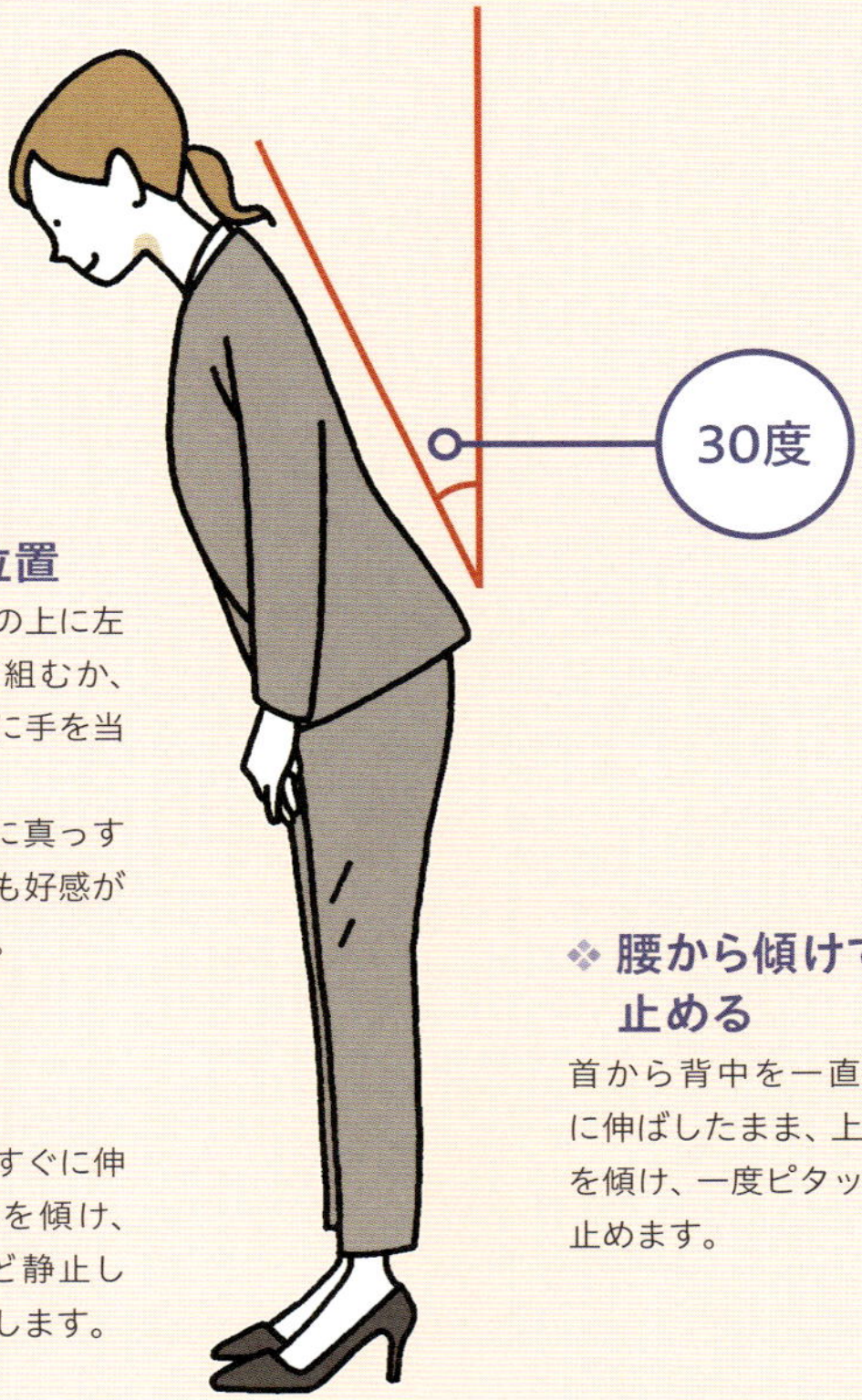

❖ 手の位置

女性は右手の上に左手を重ねて組むか、組まずに脚に手を当てます。
男性は、脇に真っすぐ下ろしても好感がもたれます。

❖ 動き

背中を真っすぐに伸ばし、上体を傾け、1～2秒ほど静止してから起こします。

❖ 腰から傾けて止める

首から背中を一直線に伸ばしたまま、上体を傾け、一度ピタッと止めます。

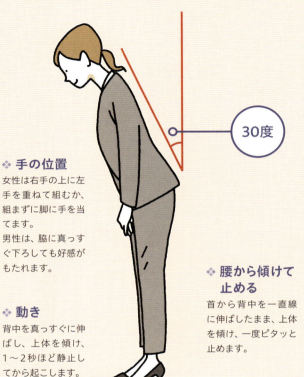

これはNG

頭だけ下げる

お辞儀をすることを、「頭を下げる」とは言うものの、実際は上体を傾ける所作なので、頭だけ下げるのは正しいお辞儀とはいえません。

椅子に座ったまま

和室以外では、お辞儀は立った状態でするもの。着席したままでは失礼です。取引先の方や目上の方には、立ち上がってお辞儀をします。

最敬礼

上体を45度ほど傾けたのが「最敬礼」です。最大の敬意や感謝、深く謝罪をする場合のお辞儀です。

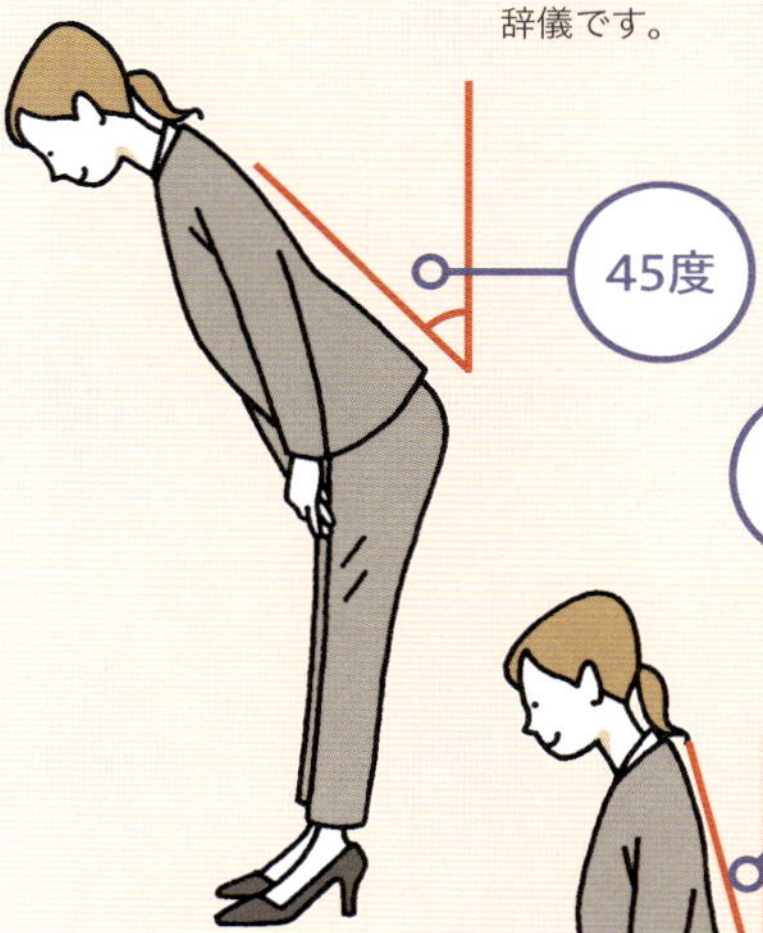

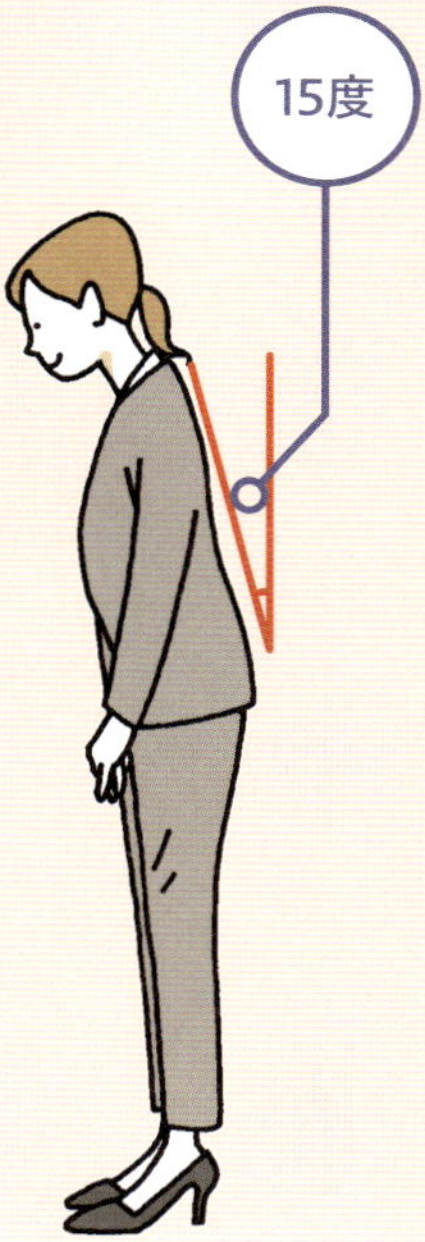

会釈

上体を15度ほど傾けたのが「会釈」です。日常的なあいさつや人とすれ違うときなどに行う、軽い一礼です。

POINT 2

1、2秒止まって メリハリをつける

お辞儀は速すぎると雑になり、ゆっくりすぎるとモタついた印象に。上体を傾けたら1、2秒ほど静止してからゆっくり起こすと、メリハリのある美しいお辞儀になります。

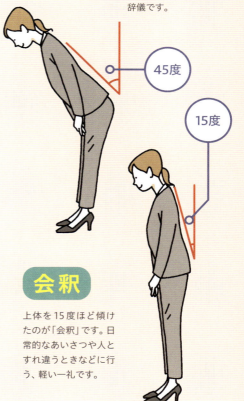

A 角度の深さで敬意や感謝の度合いを伝える

敬意を伝えるには型通りのお辞儀を

「あなたに感謝しています」「あなたを尊敬しています」「心からお詫びいたします」などの気持ちを、頭を下げる角度で伝えます。言葉を述べてから、お辞儀をする「語先後礼」の型で、丁寧に行いましょう（31ページ）。

相手やシーンに合ったお辞儀を身につけて

お辞儀の角度は、そのまま相手への敬意や感謝、お詫びの気持ちなどの軽重を表します。

廊下ですれ違うときには15度の「会釈」、お客さまのお出迎えでは30度の「敬礼」、心からの御礼やお詫びを伝えたいときは45度の「最敬礼」となります。

相手やシーンにふさわしいお辞儀ができると、「礼儀を大切にする素敵な人」という印象になります。

相手に敵意がないことを表したのがお辞儀

敵意はありません

お辞儀は、相手に向かって腰を折り、頭を相手よりも下げるという行為です。「あなたに敵意はありません」「無抵抗です」ということを示しているといわれています。

武道にも礼（お辞儀）はつきもの

礼儀や形式を重んじる武道は、「礼に始まり礼に終わる」といわれます。これは、どのような相手に対しても敬意を表す「礼」をして始め、どのような結果であろうと冷静に、「礼」で終わることが大切である、という意味です。

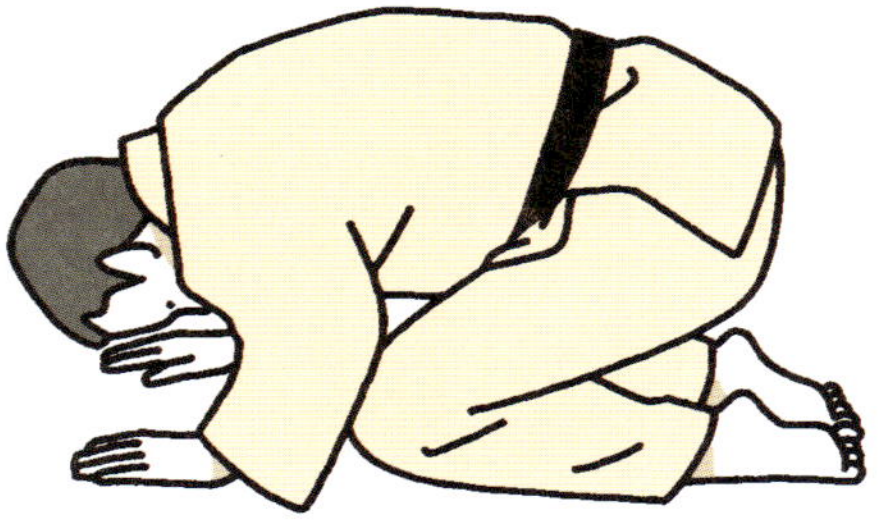

何種類ものお辞儀を使い分けるのは日本だけ

お辞儀はもともと**「弱点である頭を下げ、敵意がないことを示す」行為**とされています。他の文化圏でもお辞儀をするところはありますが、何種類ものお辞儀を使い分けるのは日本だけともいわれます。とくに武道では大切にされている所作です。

しかし、自分ではできているつもりでも、浅すぎる・深すぎる・頭だけを下げるお辞儀になっている人も少なくありません。人に確認してもらうなどして、お辞儀の正しい「型」（32～33ページ）を身につけておきましょう。

Q 好感度の高い人は何が違うのでしょうか？

Aさんの意見にBさんは否定的。
でもBさんはAさんに反論しづらい立場。
Aさん、Bさんそれぞれの意見を
私が聞いてみよう。
意見を主張するAさん
自分の意見を言いづらいBさん
〇〇だから大丈夫だと思います
もし××だったら…

TPOをわきまえた清潔感のある装いをし、あいさつをきちんとする人はもちろん感じがいいのですが、本当に好感度が高い人には「俯瞰力」が備わっています。

全方向への気づかいができる人を目指しましょう。

POINT 1

状況を俯瞰する力がある

その場の全体の状況を把握し、そのときどきで適切な行動をとることができます。

KEY WORD

- 俯瞰力
- ゆとり

POINT 2

言動のすべてにゆとりが感じられる

一つひとつの動きが丁寧で、余裕をもった行動ができる人は、信頼度が高く好感がもてる人です。

ふむ
ふむ
AさんとBさんの考えを尊重しながら、会議をまとめるCさん
Aさんは～なんですね？
Bさんは～ですね？

❖ 落ち着き

アクシデントやトラブルが発生しても、騒がず慌てず、落ち着いて。どうするのが最適か考えることができます。

❖ 言葉が丁寧

年下の人へも「です・ます」で丁寧に話すことができる人は、余裕も感じられます。

POINT 3

動きにメリハリがある

バタバタと忙しいビジネスシーンであっても、要所要所で丁寧に動くことで、動作にメリハリがつき、素敵な人に見えます。

A 状況を俯瞰する力があるので その場に適した言動ができる

✓ 状況を的確に見極め、バランスよく対応する

俯瞰する力

ふむ
ふむ
2人の意見は
もっともだけど
○○部の意見も
聞いてみよう
かしら…

そこにいる人の立場や考え、感情を踏まえたうえで、仕事の進捗状況、優先順位を考慮した言動ができる。また、メリットデメリットを把握したり、自分とは異なる立場の人の意見を聞いたりするなど、物事を客観的に捉え柔軟に考えられる人こそ、仕事がデキる好感度の高い人です。

目の前の人だけでなく周囲にも気を配る

好感度が高い人が備えているのが、「俯瞰する力」です。俯瞰とは、高いところから見下ろし眺めること。つまり**俯瞰力がある人は、その場全体の状況を把握し、そのときどきで適切な言動をすることができます**。

例えば目の前の相手と会話をしているときも、隣の人が不快に感じていないか、周囲にも気を配る。プレゼンでは自分が発表していないときも熱心に話を

余韻を残す、余白を作ることで、余裕のある行動に

お客様にお茶を出したときに、指をそろえてすっと手を引く、お辞儀はゆっくり頭を上げるなどは、「余韻」を残したしぐさ。また、立て続けに話し続けるのではなく、相手との間をとりながら、あえて「余白」を作る。相手からどう見え、どう感じるかを考え、余裕のあるふるまいを心がけましょう。

好感度三原則

① 余韻
② 余白
③ 余裕

忙しくても1秒でメリハリを

慌ただしいビジネスシーンだからこそ、メリハリのあるふるまいをしましょう。いったん立ち止まってあいさつをする、書類は正面を向けて両手で渡す。ほんの１秒２秒の動作ですが、「何かをしながら」ではなく一つひとつ丁寧にふるまうと、慌ただしさと余裕とのギャップで好感度が一段とアップします。

聞き、終了後に「よかったです」と声をかけてねぎらう。そのように全方向に気づかいができる人は自ずと好感度が上がります。

余韻・余白を作ると余裕のある印象に

また俯瞰力のある人は**「相手からどう見えるか」「相手がどう感じるか」を察する力**も高いものです。忙しくて、いつもバタバタ雑な動きをしていると相手を落ち着かない気分にさせます。電話もすぐに切るのではなく、「失礼します」と言って2秒置いて切る、という具合にあえて余韻・余白を作ると、余裕のある素敵な人に見えます。

相手が心地いい表情

いつも笑顔でいる必要はありませんが、口角が下がっていると不機嫌な印象に。ちょうどいいのは自然なほほえみです。

ほほえみ

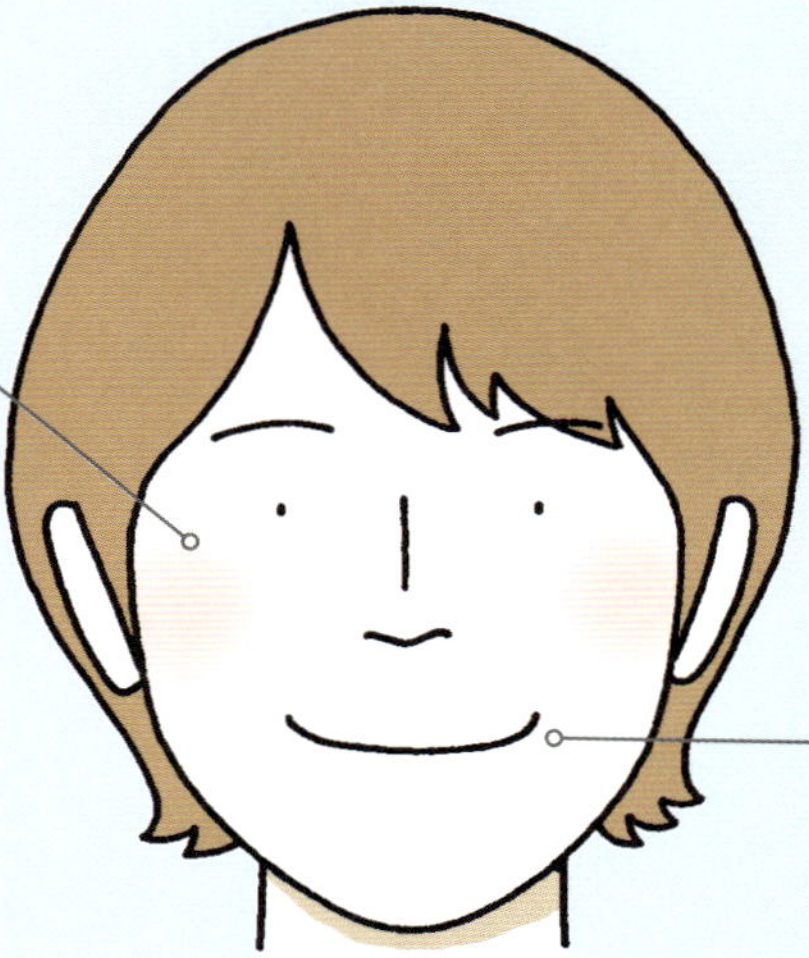

表情

その場に応じて表情豊かに。

口元

常に、口角をほんの2ミリ上げるように心がけて。相手が心地よく感じる表情になります。

これはNG

不機嫌そうな表情

油断すると口角が下がって、不機嫌で疲れた表情になってしまうので気をつけて。

笑顔

口元の形は、その人の感情を表す重要な要素です。ほほえみよりもさらに口角を上げ、歯が見えていると、明るい笑顔になります。

好感度がアップする姿勢

姿勢や動作が美しいと、それだけで品がよく見え印象がよくなります。
いつも誰かに見られているつもりで、スマートな所作を心がけましょう。

立ち方
（待ち合わせなどで）

美しい姿勢（16ページ）が基本。待ち合わせや立って話すときは、左右の脚の位置をずらすときれいに。

男性

背すじ
すっと伸ばします。

脚
両脚を左右に少し開きます。

女性

バッグ
ショルダーの場合は前下がりになるように持ちます。

脚
左右の脚を少しだけ前後にずらし、膝はつけます。

歩き方

美しい姿勢で立ち、歩幅はやや広めにとって、かかとから着地して歩きます。

男性

視線
正面を向いて、胸を張って堂々と。

歩幅
歩幅を大きくとると若々しい印象になります。

女性

腕
腕は後ろに振ることを意識します。

膝
膝はできるだけ離さないようにします。

歩幅
いつもより広め、を意識します。

座り方

椅子に座っているときも美しい姿勢で。背筋をすっと伸ばして座りましょう。

背中
背中は背もたれから浮かします。
腰
深めに腰かけ、背もたれに腰をつけます。

靴の脱ぎ方

訪問時に靴を脱ぐとき、後ろを向いて、先方に背中を向けるのは失礼です。靴は正面を向いたまま脱ぎましょう。

① 正面を向いて脱ぐ

玄関に入ったら、正面（家の中）を向いたまま靴を脱ぎます。

② 膝を折って靴をそろえる

少し斜めを向いて膝をつき、靴を180度回してすみに寄せて入ります。たたき中央は上座にあたるので、すみ（下座）に置きます。

座っているときの脚

椅子に座っているとき、女性は膝を離さないのが鉄則です。男性は肩幅程度に自然に広げて。

男性

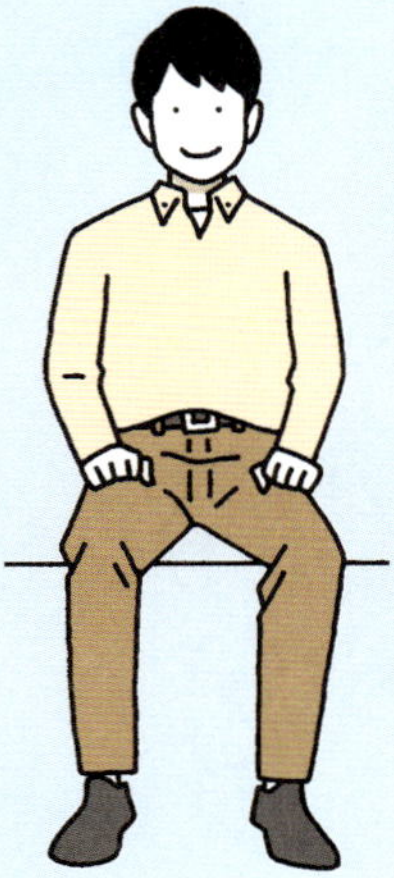

手

手は軽く握って両方の太ももの上に置きます。

膝

肩幅ほどに開き、つま先は正面またはやや外側に向けます。

女性

手

ももの上で、左が上になるように重ねます。

膝

膝にすき間をつくらないのが鉄則です。「レディは膝を離さない」と覚えましょう。

車に乗る

女性は腰から座り、体を回して脚を入れます。男性は片脚を入れ、座ります。

男性

片脚を入れてからシートに座り、もう片方の脚を入れます。

女性

先に腰からシートに浅く座り、両脚を入れながら体を正面に回します。

車から降りる

女性は体を回してやや外を向いてから脚を下ろし、男性は先に片脚を外に出して降ります。

男性

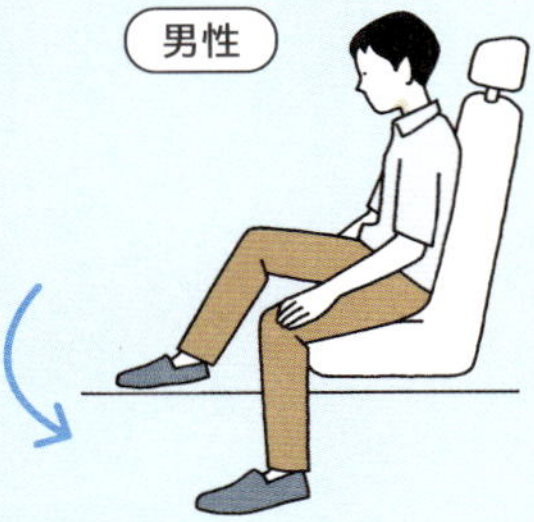

片脚を外に降ろし、立ち上がりながら降ります。

女性

ドアを開け、体を回して脚を外側に向け、ゆっくり立ち上がります。

こんなところが見られている

そのふるまいは好感度を下げる！

顔・髪を触りながら話す

手で鼻や口元、髪などを頻繁に触るクセは、自信・落ち着きがない印象を与えます。なかには不衛生と感じる人もいるので避けて。

ひじをつく、ほお杖をつきながら話す

姿勢が崩れ「疲れている」「尊大な態度」に見えるおそれがあります。手首辺りから先をテーブルに置くようにしましょう。

動きががさつ

ガタンと椅子を立つ、ドンと物を置くなど、音を立てる動作は「雑な人」に見えますし、不機嫌なのかと周囲に気をつかわせてしまいます。

片手で物を渡す

人に物を渡すときは両手を添えましょう。少量の書類や小さい物など片手で持てる物も、もう一方の手を軽く添えるのが礼儀です。

ため息が多い

ため息もあまり多いと「疲れている」「やる気がない」などのネガティブオーラとなり、職場の士気を下げてしまいかねません。

目を合わせない

あいさつや会話中に目を合わせないのは、興味・関心がない、もしくは自信がないと思わせ、相手は不安・不快に。

人を指さす

指を立てて人を差すのはマナー違反です。人や物を手で差すときは、指をそろえ手のひら全体で示すようにすると、丁寧です。

スマホや時計をチラチラ見ながら話す

スマホや時計を頻繁に気にすると「早く切り上げたい・帰りたい」というサインに。相手も落ち着かず、会話などに集中できません。

お茶をすする

食事もお茶も音を立てないでいただくのが基本マナー。湯のみを片手で持たず、もう一方の手を添えて持つと美しい所作になります。

貧乏ゆすり

貧乏ゆすりは、近くにいる人にとって、不愉快なもの。落ち着かず、イライラして余裕がない人に見えるので、意識して見直しを。

Column 1

レディファーストの精神とは？

「レディファースト」は、中世の騎士道に由来するといわれています。領主の夫人や姫君を警護する騎士の役割が発展し、女性全般をいたわる男性のマナーとして欧州に広がりました。

現代でも欧米では生活にレディファーストが浸透しています。男性がドアを開けて女性を先に通す、着席するときは女性を先に座らせる、買い物などで女性の荷物を男性が持つ、車の乗降では男性が女性の席に回ってドアを開閉する、などが日常的に行われています。企業のトップの男性でも、エレベーターホールに女性社員が待っていれば、ごく自然に自分より先に女性を乗せています。

日本ではまだ「女性は三歩下がって」という文化が残るようですが、インターネットの普及やインバウンドの増加で、私たちの生活も急速に国際化しています。マナーの面でも“グローバル・スタンダード”で、男性上司が女性部下に対してレディファーストでふるまえると素敵ですし、今後、海外と取引きしていく若手社員のいいお手本になるでしょう。

なお最近では、ジェンダー平等という観点から、レディファーストが逆に性差別になるのでは、という指摘もあるようです。男性と女性は平等な存在ではありますが、男性と女性では体格・体力などに違いがあるのも事実です。レディファーストも、体力のある人が、自分より弱い存在の人を気づかうマナーだといえます。

Chapter 2

話し方で 好感度アップ

おだやかで丁寧な話し方をする人は、好感度が高いものです。話し方の大事なポイントから、社会人として経験を積んできたからこその「こんなとき、どう言えば？」に答えます。

Chapter 2

すべての人に敬意を払う 会話の基本

「好感のもてる人」とは「話をしていて気持ちがいい人、楽しい人」です。自分が話すときも人の話を聞くときも、常に相手への敬意を言葉や態度で表しましょう。

にこやかに、丁寧に話す

笑顔や明るい表情を浮かべ、丁寧な言葉づかいで話します。話す速さや声のトーンは相手や状況に合わせて調節すると好感がもたれます。

言葉づかい

誰に対しても「です・ます」で話す人は、それだけで好印象。相手への敬意を感じます。

話し方

自分が思う以上に早口で話していることは多いもの。意識してゆっくり、語尾まではっきり言いましょう。

声のトーン

高すぎず、低すぎず、地声をコントロールして穏やかな声で話しましょう。

姿勢・目線①

相手に体を向け、自然な目線で話します。

表情①

基本は、にこやかにほほえみ（40ページ）ながら。表情豊かに話す人は魅力的です。

話し方には、その人の品性・知性が表れる

「話し方」は人の印象を作る大きな要素です。何気ない言葉や会話のちょっとした受け答えにも、その人の品性や知性が表れます。

自分が話すときは、丁寧な言葉づかいと明るい表情、美しい姿勢で自信をもって話しましょう。また人の話を聞くときは相手に体の正面を向け、うなずきや相づちなどで興味・関心を伝えます。会話は人間関係の基本です。「あなたに敬意をもっている」という気持ちを表現することが大事です。

◇ 相づちを打ちながら最後まで聞く

聞き手に動きがないと、話し手は不安になります。視線やうなずき、相づちなどで「興味をもって聞いている」と示しましょう。

相づち

適度な相づちを打ちながら、最後まで丁寧に聞きます。途中で話を遮らないように心がけて。

表情②

話の内容に合った表情で聞きます。

姿勢・目線②

体を相手に向け、自然に目を合わせて「あなたの話を聞いています」と、態度で示します。

うなずき

適度にうなずくことで、真剣に聞いていることが相手に伝わります。

Chapter 2

ほどよい距離感と丁寧な話し方

自分から話をするときは、相手が心を開いてくれる距離感やシチュエーションを選びましょう。また職場やビジネスシーンでは「誰に対しても丁寧語で話す」のが基本になります。

丁寧で美しい言葉で話す

座っている人と話をするとき、真正面に立たれると相手は圧迫感を感じます。相手のやや斜め前の位置から声をかけると、お互いに話しやすい・聞きやすい体勢になります。

また、マナーに厳しい社風でなくても、職場の言葉遣いとしてふさわしいのは丁寧語です。「〜でぇ」「〜だからぁ」「失礼しまーす」のように語尾を伸ばす言い方や、「ヤバい」「まじ」等の若者言葉は避け、美しい日本語で話しましょう。

斜め前の位置が話しやすい

話すときは相手に対して正面から正対するのではなく、斜め45度くらいの位置から声をかけると話しやすい印象になります。

圧迫感のないほどよい位置

デスクにいる上司や先輩に話しかけるのであれば、正面ではなく斜め前くらいに立つのがベスト。

「お」や「ご」をつけて丁寧に話す

「お名前をお伺いできますか？」「ご一報ください」など、ビジネス用語も「お」や「ご」をつけると丁寧で品がよくなります。

ビジネス語にも「お」「ご」を

“お”名前と
“お”電話番号を
お願いします

お名前　ご連絡　ご質問
ご住所　ご担当　ご一報

これはNG

✕ 外来語につける

丁寧な印象になる「お」や「ご」ですが、コーヒー、ビール、メールなど、外来語にはつけません。

同僚や部下にも丁寧に話す

上司から部下、年長者から若い人に話すときも丁寧語で。年齢・役職・取引先によらず、丁寧な言葉が飛び交う職場や関係性は気持ちがいいものです。

基本は「です・ます」

ます
です

相手に体を向けて聞くと 誠実さがにじみ出る

Chapter 2

「なんだか話しやすい」「この人といると、ついつい話しすぎてしまう」という人は聞き上手で、自然と周りに人が集まってきます。
上手な聞き方を知り、“聞き上手”になりましょう。

体の向きや姿勢で 興味・関心をアピール

聞き上手になる秘訣は、「あなたの話を聞きたい」「興味がある」という気持ちを動作や態度で表すことです。相手のほうに、顔だけでなく体全体を向ける、商談などではやや前傾姿勢で聞く、などを意識してみてください。

話者に目線を合わせるのも興味を示すサインですが、値踏みをするようにジロジロ見るのはよくありません。相手がリラックスして話せるように柔らかな視線を送ります。

◆ 自分の体を相手に向けて聞く

顔だけで振り向くのは、拒否的な印象。体ごと相手のほうを向くだけで「話を聞きますよ」というオープンマインドな態度になります。

聞いてもらえる安心感

相手が立っていたら自分も立ち上がると、オープンマインドな態度になります。

やや前傾姿勢で聞く

商談などでは、やや前傾姿勢で話を聞くと、「関心が高い・前向き・真剣」というメッセージを相手に伝えられます。

相手との距離を近づける

相手の眉や口元にも目線をずらして聞く

目だけをじっと見つめられると、圧迫感があり相手も落ち着きません。眉から口元あたりを見る意識で、話を聞きましょう。

顔を見て「あなたと向き合っています」と示す

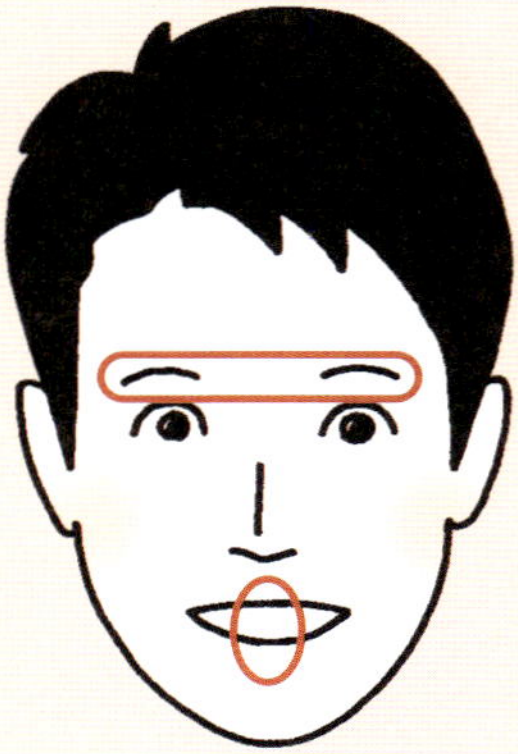

ときどき眉のあたりや口元に視線をずらすと、柔らかい視線を送ることができます。

これはNG

× キョロキョロしている

そわそわ体を動かす、時計やドアを度々見るのは「早く話が終わってほしい」サインに。

× うわの空

話者のほうを見ることなく、視線が泳いでいると「聞いていない」のが一目瞭然です。

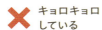

Chapter 2

的確な相づちを打ちながら最後まで聞く

普段何気なくしている相づちは、相手に理解・承認・共感を示す重要なコミュニケーションスキルです。上手に相づちを打てると、それだけで好感度がアップします。

相づちがあることで相手は気持ちよく話せる

人は誰でも「話を聞いてほしい」と思っています。

相づちで「あなたの話を聞いています」「理解・共感しています」と伝えることで、相手は気持ちよく話せますし、相手に好感をもたれます。適切な相づちのパターンを相手やシーンに合わせて使い分けましょう。

また相手の言った言葉をそのまま〝オウム返し〟で繰り返すのも、相手に話の続きを促すいい相づちになります。

◆ 相づちはバリエーションをつける

相づちも「はい」ばかりでは単調で形式的です。「そうですか」「さすが、○○さんです」などと変化をつけ、表情豊かに打ちましょう。

聞き上手な相づち

聞き取れない・わからないことは聞いてOK

会話中に聞き取れないこと、わからないことがあったときは適当に相づちを打って流すより、素直に尋ねたほうが誠実です。

聞き直して正確なやり取りを

恐れ入りますがもう一度お聞きしてよろしいですか？

これはNG

はいはいはいはい

✕ 同じ言葉を繰り返す

「はいはいはい」「えーえー」「ほうほう」と同じ言葉を繰り返したり、頻繁に相づちを入れると「もうわかった」「知っている」「興味がない」と受け取られる可能性があります。

そういえば…

✕ 話の腰を折る

相手が話している途中で、割り込んで発言をするのはＮＧ。話が終わりかけたところに、かぶせるように相づちを打つのも「話を早く終えたい」というサインになってしまいます。

それで？

✕ 敬意が感じられない

「ふうん」「それで？」といった言い方をしたり、楽しい話でもないのに「ハハッ」と薄笑いをはさんだりすると、相手は「見下された」「バカにされた」と感じて不快になります。

なるほどね〜

✕ 上から目線

相づちでよく使う「なるほど」は、やや上から目線になり、立場が上の人には適しません。目上の人には「初めて知りました」「勉強になります」などと言い換えを。

敬意を言葉で伝える言葉づかいの基本

Chapter 2

ビジネスやあらたまった場で「言葉づかいが美しい」「あの人はデキる！」という印象を与えたいと思うなら、言葉づかいの型や正しい敬語をマスターすることから始めましょう。

話し方三カ条

一、型を知る

二、敬語を使う

三、相手と状況に応じて変化させる

言葉づかいの基本をしっかり身につける

マナーや所作には「型」がありますが、言葉づかいも同様。相手に敬意を表し、良好なコミュニケーションを図るためには、あいさつや依頼・謝罪などの言葉づかいの型を知り、模倣するのが出発点になります。

また秩序を重んじる日本社会では「敬語を正しく使える」ことも大切です。

言葉づかいや敬語の基本をふまえ、相手や状況に応じてアレンジができるようになると、言葉づかいに自信がもてるようになります。

まずは型通りの言葉づかいを知る

ビジネスで使用する言葉づかいには、ある程度決まった「型」があります。依頼や指摘、謝罪などのシチュエーションごとの型を知り、型通りの表現を身につけましょう。

型通りに言ってみる

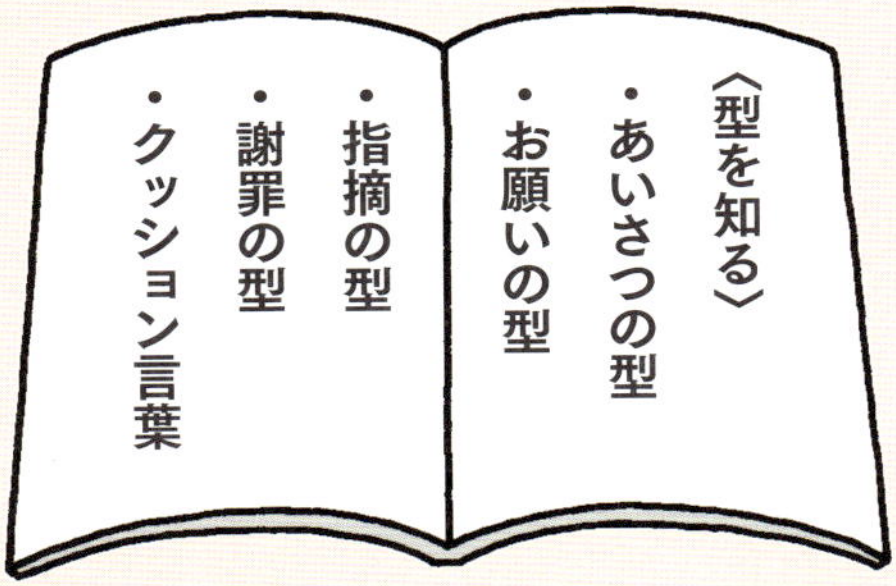
〈型を知る〉
・あいさつの型
・お願いの型
・指摘の型
・謝罪の型
・クッション言葉

敬語はそのときの状況に応じて正しく

例えば社外の人に対応するときと、社内で同僚と話すときでは「正しい敬語」は異なります。相手や状況に応じて正しい敬語を使えると、信頼感や高評価につながります。

相手や状況に合わせた敬語を

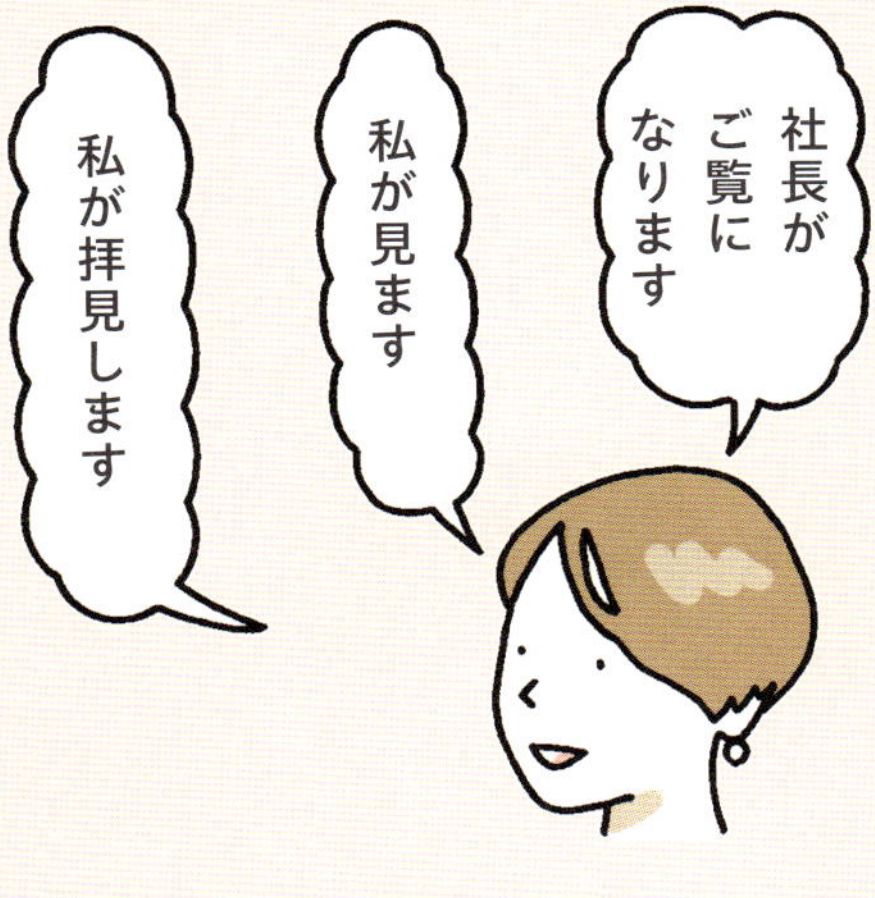
社長がご覧になります
私が見ます
私が拝見します

Chapter 2

気持ちのいい会話は敬語から生まれる

敬語を正しく使えると、気持ちのいい人間関係を築くことができます。ここでは、敬語の基本にプラスして、相手を思いやる素敵な言葉のつかい方もお伝えします。

敬語の仕組み

謙譲語

自分がへり下ることで、相手を高める言葉。「いただく」「拝見する」「申し上げる」などで、主語は自分や身内になります。

自分がへり下る

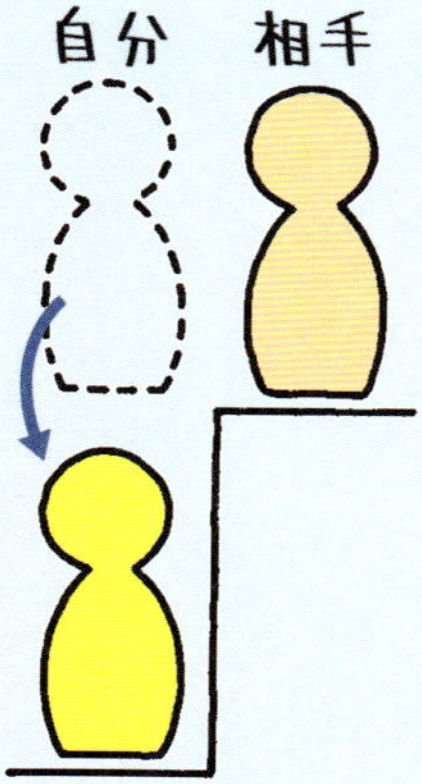

丁寧語

語尾に「です」「ます」「ございます」をつけて相手を尊重したり、丁寧さを表す表現です。立場や上下を問わず、幅広く用いられます。

相手をやや高める

尊敬語

相手を高めて敬意を表す言葉。「〜れる・られる」「お(ご)〜になる」「いらっしゃる」などで、主語は相手や話題になっている人です。

相手を高める

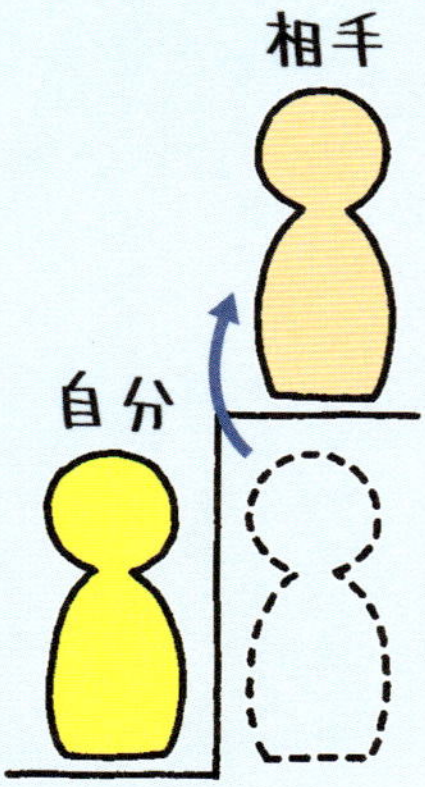

より丁寧な敬語で人間関係を良好に

敬語には、さまざまな意義があり、まず敬語を使うことで大切な相手に敬意を表すことができます。また社会や組織における立場・上下関係を明らかにし、秩序を保つ作用もあります。特にビジネスやあらたまった席では「言われました」→「おっしゃいました」など、常に相手に対してより丁寧な敬語を使うと間違いありません。良好なコミュニケーションのためにも、言葉づかいで損をしないためにも大切なのが敬語です。

敬語を使うことでお互いの関係を良好に保つ

敬語には、話す本人の品位を高め、相手との良好な人間関係を築くという働きもあります。気持ちのいい人間関係のためにも、日頃から敬語を上手に使いこなしましょう。

お互いに気持ちがいい

確認していただけますか
ハイ
○○までお願いします
ありがとうございます

相手への思いやりを示す言葉を取り入れる

Chapter 2

言葉づかいや敬語の型を覚えたら、少しずつアレンジを加えましょう。ちょっとした一言を加えるだけでも印象が変わりますし、いざというときの言葉には、知性や品性がにじみ出るものです。

「感じがいい」表現を覚えて使おう

「型」通りの言葉だけでは冷たい印象になったり、機嫌が悪いように感じさせたりする場合があります。そこで役立つのが「クッション言葉」です。本題に入る前に「恐れ入りますが」などの一言で印象が和らぎ、受け入れやすくなります。

また何にでも「すみません」を連発したり、過度な謙遜をすると自信がない人のように見えてしまうことも。〝気の利いた返し〟のパターンをいくつか覚えておくと便利です。

クッション言葉を使って柔らかく

依頼や指示、断りの言葉などはストレートに使うと、きつい印象に。「恐れ入りますが」「お差し支えなければ」「失礼かと存じますが」などと前置きすると安心です。

その一言の中に思いやりと配慮が込められている

クッション言葉なし

指示や断りの言葉をストレートに言うと、冷たい印象に。

その日は都合がつかず、伺えません

クッション言葉あり

“あいにく”というクッション言葉に、「申し訳ありません」という気持ちを込めます。

“あいにく”
その日は都合がつかず、伺えません

「すみません」ですませない

「すみません」は感謝や依頼、謝罪など、多くの意味で使われます。便利ですが、曖昧で意図が伝わりづらいため多用は避け、感謝なら「ありがとう」などと適切な表現を使いましょう。

自分の気持ちを的確な言葉で表す

✕ 感謝も依頼も謝罪も

すみません

なんでもかんでも「すみません」は、丁寧さに欠け、マイナスの印象に。

○ 状況に応じて表現する

感謝	依頼	謝罪
ありがとうございます	お願いできますか	申し訳ございません

そのときの状況に適した言葉で、自分の気持ちを表します。

ほめられたら「ありがとう」＋一言

ほめられたときに「いえいえ、私なんてとんでもない」と謙遜しすぎるより、「ありがとうございます。励みになります」などと素直にうれしさを伝えたほうが、相手も気持ちがいいものです。

一言添えると相手も心地いい

素直に喜び、さらに一言添えると相手に感謝の気持ちも伝わります。

ありがとうございます
励みになります

ありがとうございます
そう言って
いただけると
うれしいです

Q

気持ちよく引き受けてもらえる言い方は？

残念な言い方

とりあえず、急いでやっておいてもらえる？
あ、はい…
また、残業だ…

お願いをする理由も目的もなく、期日も曖昧なまま……という言い方では、相手は責任をもって引き受ける気にはなれません。

同僚や部下に仕事を頼むと、嫌な顔をされる。頼んだけれど自分の思ったようにでき上がってこなかった。そのようなことは往々にしてあるものです。

まずはお願いの型を覚えて言ってみましょう。

POINT 1

思いやりと謙虚さをもって

人にお願いをするうえで大切なのは、相手を尊重し、思いやりと謙虚さの感じられる表現をすることです。

KEY WORD

- 謙虚さ
- 思いやり

感じのいい言い方

「あなたがお忙しいのは重々承知のうえでお願いしています」という気づかいを言葉にします。

❖ クッション言葉

「急で申し訳ありませんが」「お忙しいことと思いますが」など、本題に入る前にクッション言葉を入れて。

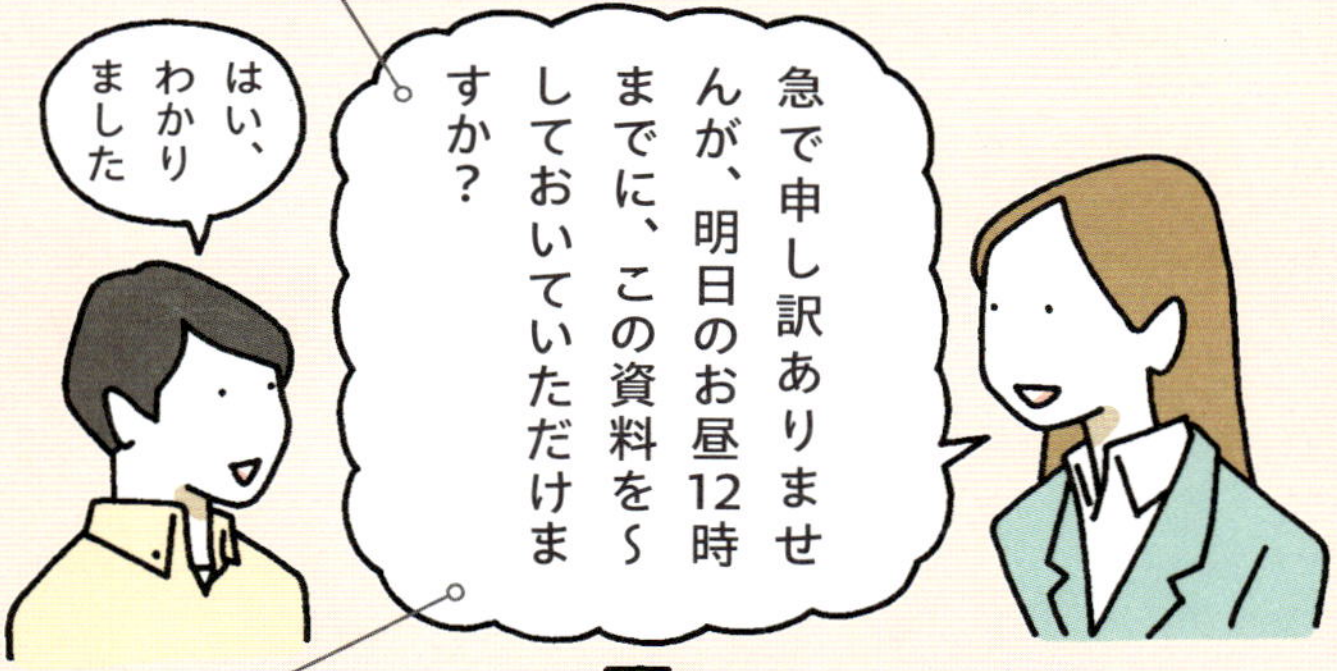
急で申し訳ありませんが、明日のお昼12時までに、この資料を～していただけますか？
はい、わかりました

❖ 具体的に伝える

仕事の目的と内容、期日を明確に伝えると、相手が判断する材料になります。

ありがとうございます
いつもきちんと仕上げてくれるから頼りにしています

❖ お礼

引き受けていただけたら、すぐにお礼を言います。その人に期待している旨も伝えると、引き受けるほうも気持ちがいいものです。

POINT 2

疑問形にして相手に判断してもらう

「～してもらえますか？」「いかがですか？」と、引き受けるかどうかは相手に判断をしてもらう表現にすると、尊重されていると感じます。

A

謙虚な態度で内容を具体的に伝える

お願いの型

1 相手の様子を見て、声をかける

出社してすぐや、退勤する時間帯、忙しそうにしているようなときは避け、タイミングを見計って言葉をかけます。

今、2～3分お時間よろしいでしょうか？

2 クッション言葉

本題に入る前にクッション言葉を前置きとすることで、本題（お願い事）を和らげる効果があります。

お忙しいところ恐れ入ります

3 依頼は疑問形で相談する

疑問形にすることで、引き受けるかどうかはあなたのご都合に任せます、という謙虚さを込めます。

～をお願いしたいのですが、いかがでしょうか？

4 お礼

引き受けていただいたら必ずお礼を。あなたのおかげで助かります、という気持ちをそのまま伝えましょう。

助かります。ありがとうございます

「やって当然」という断定的な言い方はNG

同僚に仕事を頼みたい、部下や後輩に仕事を任せたい。そのような「お願い」で大切なのは、相手を尊重した伝え方です。たとえ仕事であっても「〜してください。お願いします」と言うだけでは〝あなたがやって当然〟という断定的な表現になり、相手は拒否感を覚えることも。気持ちよく引き受けてもらうためには、**思いやり・謙虚さの感じられる表現**で伝えます。

✓ 必ず伝えること

何のための仕事かという 目的

本当に必要かどうかを伝えずに、とりあえず頼みます、というのは失礼な話。何の仕事か、何のためにそれをするのか、という目的は必ず伝えます。

頼まなくてはならない 理由

本来は自分（あるいは他の人）の仕事だが、事情があってできない。だからあなたにお願いしたいなど、理由を説明することで、説得力のあるお願いになります。

いつまでに何をするかという 内容

いつの何時までに、何をしてほしいのか、具体的に説明しましょう。思ったようにやってもらえなかった、ということがないようにするための予防策でもあります。

これはNG

✕ あとから「～してほしかった」と言う

相手のミスではないのに、でき上がったものに対して「ここは〇〇してほしかった」「やっぱり〇〇にして」とダメ出しするのはいただけません。仕事の内容を伝えるときは、具体的に、慎重に行いましょう。

クッション言葉や疑問形で気づかいを示す

「お願い」の場合、クッション言葉があるとないとでは、だいぶ印象が変わります。さらに、「疑問形で頼む」を心がけましょう。「～してもらえますか？」「いかがですか？」と**先方に判断を任せる表現にすると相手は自分が尊重されていると感じます**。そして引き受けてもらったら感謝の言葉も忘れずに。

もちろん仕事上のお願いでは依頼の目的や理由、内容、期日といった基本事項を明確にし、誤解のないように伝えることが大切です。

Q 指摘や注意をするとき、嫌われない言い方は？

嫌われる言い方

ねぎらいの言葉もなくいきなり間違いを指摘されては、「聞く耳」を持つ気持ちになれません。

ここの数字間違っているよ！大事な企画書なのに困るじゃないか！

管理職やリーダー的立場になると、部下に指摘や注意をする機会も増えてきます。しかし、言い方によっては相手のやる気を失わせてしまいます。

素直に受け入れてもらえる言い方を心得ておきましょう。

POINT 1

ポジティブな言葉からスタート

言い方で大事なのが順序。最初に「お疲れさま」や「大変な作業でしたね」などねぎらいや感謝などポジティブな言葉からスタートします。

KEY WORD

- 言う順序
- ポジティブに終わる

POINT 2

指摘・注意の後、ポジティブで締める

最後に「○○さんならできると思います」と期待や励ましを伝えます。順序を間違えるとネガティブな気持ちだけが残ってしまうので、最後は必ずポジティブに。

嫌われない言い方

まずほめる、仕事ぶりに感謝するなどして相手の心を開きます。

企画書作成、
お疲れさま。
よくまとまっていて
わかりやすいです

ポジティブ

仕事に対するねぎらいの言葉、出来ばえについてのよい評価を伝えます。

ただ、1か所数字が
××になっていました
私の言い方がわかりにく
かったかもしれませんね

指摘・注意

間違っている部分を伝えます。自分の非を認めて謝る余裕もほしいところです。

他は完璧だから大丈夫！
何かわからないことが
あったら聞いてください

ポジティブ

ポジティブな言葉で終わりにすると、指摘を素直に受け入れられます。

A 1

指摘をしたら、最後はポジティブに締める

指摘の型

1 共感やねぎらい、よかったところを伝える

仕事に対するねぎらいの言葉や、よかった点を伝えます。ポジティブな言葉をかけることで心が開き、聞く耳を持つことができます。

お疲れさま。
早く仕上がりましたね

2 指摘や注意を伝える

修正点や注意点などを、丁寧な言葉で伝えます。そのとき、「自分の指示も不十分だった」などと自分の非を素直に認めて、相手だけを責めない姿勢があると、好感がもてます。

ここが間違えていたので、直していただけますか？

3 相手の気持ちが前向きになる言葉

最後に、よくできている部分をほめ、相手を励ます言葉をかけます。ポジティブな言葉やフォローの言葉をかけると、指摘されたことを素直に受け入れることができます。

あなたなら
大丈夫ですよ

ポジ→ネガ→ポジの順序が大事

ミスや不備を指摘するとき、注意を促すときは、十分な配慮が必要です。

指摘の型で大事なのは順序です。ポジティブな言葉でスタートし、「ここを直してほしい」と指摘・注意（ネガティブ）を伝えます。同じ内容でも**順序が逆になると印象が全く変わってしまうので注意**しましょう。

指摘・注意の後は「○○さんならできると思います」と期待

これはNG

✕ 嫌なことを予感させる前置き

右に挙げたような前置きを言われると、相手は「何か嫌なことを言われるんじゃないか」と身構えてしまいます。また、言った人の印象もよくありません。

- ちょっと言いにくいんだけど
- 怒ってるわけじゃないんだけど
- 責めているわけじゃないんだけど

✕ 自分の苦労話や武勇伝を語る

自分の経験を話すことで、相手の仕事の役に立ててほしいのかもしれませんが、昔と今では状況は異なります。捉え方によっては自慢話、お説教にも聞こえ、相手の心には響きません。

- 最近の若い人は…
- 私たちの若いころは…
- 昔だったらこんなのは…

✕ 質問の形で指摘する

「おかしいと思わない？」「そんなこともわからなかったの？」の裏には、「そう思わなかったあなたはだめな人」という意味が隠されています。人格を否定しているように受け取れる言葉は、相手を傷つけます。

や励ましを伝えます。「何かあったらすぐに質問して」と、**あなたの味方であると示すフォロー**も効果的です。

断定・決めつけは避け、相手に振り返りを促す

指摘を伝えるとき、嫌な予感をさせる枕言葉を使うと、相手は身構えてしまいます。また「私の若いときは……」などと、過去の常識を振りかざした指摘をすると、理不尽な非難と捉えられることも。「私の思い違いかもしれませんが」「もしかしたら〜では？」と相手が自身を振り返る余白をもたせながら、柔らかく伝えましょう。

A2 〝優位性〟がある人ほど言葉に注意する

これはNG

この前も同じこと言いましたよね
いい加減覚えてくださいよ

✕ 「これくらいできて当然」という姿勢はパワハラと紙一重

職場によって文化や風土はさまざまですが、「こうするべき」「これくらいできて当然」という価値観の押しつけが強いと、「高圧的でストレスの強い職場」になります。

若手や職位が下の人でも、専門的知識などの優位性がある人が、職務上必要な範囲を超えて苦痛を与える行為を続けていると、パワハラとされる可能性があります。

パワハラと言われないためにも感情的な叱責は避ける

人前で「辞めてしまえ！」と叱責する、「お前みたいにデキの悪いやつは……」と人格を否定するなどは、パワーハラスメントと捉えられる可能性があります。職場の雰囲気も悪くなりますから、マナーとしても避けるのが当然です。

丁寧な言葉づかいをすることで気持ちが穏やかに

時間に追われている、精神的なゆとりを失っていると、ついトゲトゲした言葉が口をついて出やすくなります。やはり大事なのは余裕・余白です。そういうときこそ丁寧な言葉で、ゆったりとふるまいましょう。

「型」に添って行動することで自分自身も気持ちが整い、相手を気づかう心の余裕が戻ってきます。

専門知識や経験などの〝優位性〟を自覚する

またパワハラは、上司だけの課題ではありません。パワハラとは「地位や人間関係などの職場内の〝優位性〟を背景に、業務上の適切な範囲を超えて、精神的・身体的苦痛を与える又は職場環境を悪化させる行為」です。

例えばＩＴスキルが高い人が、そうでない人を見下すなどもパワハラの一種です。**専門的知識がある、経験年数が長いなどの〝優位性〟がある人ほど、言葉選びには注意が必要**です。

Q 謝罪をするときに最も大切なことは？

KEY WORD

・素早く
・誠心誠意

謝罪が必要な事態が起こったら、一刻も早く相手に「申し訳ございませんでした」と伝えましょう。

すぐに謝罪をすることで、誠意を表します。

電話で

電話は相手の顔が見えないため、対面で謝罪をするときよりも丁寧に。態度も話し方や声に表れるので、相手が目の前にいるつもりで話しましょう。

❖ 態度

姿は見えなくても、電話口での態度は伝わるものです。頭を下げて謝罪をしましょう。

❖ 事が重大なら出向く

事の重大さによっては、電話のみですませるのではなく、早急にお詫びに出向くことを伝えます。

❖ 謝罪の言葉

高すぎず低すぎないトーンで、ゆっくりはっきり伝えましょう。申し訳ないという気持ちを表す言葉で。

POINT 1

まずは電話。声で謝罪を伝える

謝罪はとにかく早くすることが大事です。普段のやり取りがメールやＳＮＳであったとしてもまずは先方に電話をして、謝罪の言葉を生の声で伝えましょう。

対面で

信頼を回復するためにも、訪問して謝罪をしましょう。相手の都合を聞いて、面会の約束を取りつけます。誠心誠意、謝罪の気持ちを伝えましょう。

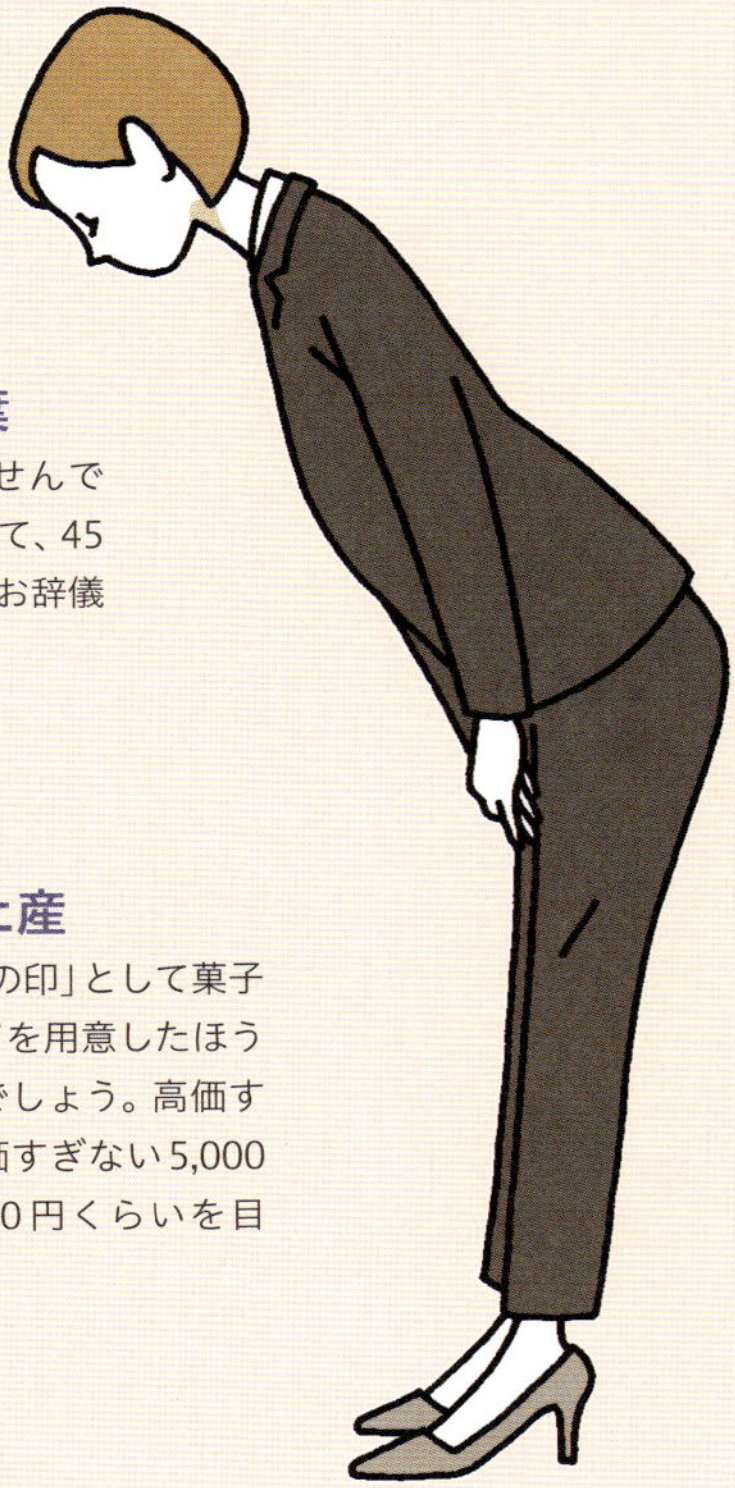

❖ 服装

スーツは、濃紺やチャコールグレーなど落ち着いた色で。ネクタイも同様です。女性は、アクセサリーを控えたほうが、誠意が伝わります。派手な腕時計も控えて。

❖ 謝罪の言葉

「申し訳ございませんでした」と謝罪をして、45度以上の最敬礼のお辞儀で形にします。

❖ 表情や態度

謝罪訪問中、笑顔はＮＧ。先方が穏やかに接してくれたとしても、笑顔を見せると謝罪の気持ちが薄まってしまいます。また、応接室に通された場合、相手が入室するまで立って待ちます。

❖ 手土産

「お詫びの印」として菓子折りなどを用意したほうがいいでしょう。高価すぎず安価すぎない5,000～10,000円くらいを目安に。

❖ 出されたお茶は飲まない

出されたお茶は、自分からは飲まないのが誠実さの表れ。勧められたら一口飲む程度で。

POINT 2

過ちを認め、言い訳をしない

言い訳をすると、責任回避の気持ちが見えてしまいます。事情はどうあれ、過ちを認めて謝罪をします。

A

スマートさは不要。心からの謝罪をする

お詫びの気持ちをストレートに伝える

トラブルやミスが起きたときこそ、その人の真価が問われます。謝罪では、くどくどしたあいさつは不要。**少しでも早いタイミングで「申し訳ございません」という心からの謝罪をストレートに伝えます。**

特に重大なトラブルのときは電話でお詫びをしたうえで、早急に出向くことを伝えます。

謝罪の型

1 謝罪の言葉

言い訳せず第一声から「この度の○○では申し訳ございませんでした」。時間が経つと事態を軽んじていると思われてしまうのですぐに。

すぐ!

2 相手が被った迷惑・不快に向き合う

「○○のところ、多大なご迷惑をおかけしてしまい…」など、相手に不快な思いをさせてしまったことに思いを寄せます。

多大なご迷惑を…

3 今後の対策を伝える

責任を自覚・反省し、二度と繰り返さないために、どのような対策をいつまでにするのかを伝えます。

次回からは
このようなことが
ないよう…

これはNG

✕ 正当化、逆ギレ、開き直り

先方の怒りや不満を聞きながら、「そうなるとは思わなかったので」「そうはおっしゃいますが」「ではどうすればよかったのですか」などと反論するのはNGです。

謝罪は、今後の信頼を回復するため

ミスやトラブルが生じると、それまでに築き上げてきた信頼関係にヒビが入ってしまいます。それを修復するための第一歩が謝罪です。ミスを認め、誠実に謝り、同じ過ちを繰り返さないための対策を講じることで、関係の修復を図ることができます。その場しのぎではなく、今後を見据えた謝罪をすることが重要です。

「言い訳」と「説明」の違い

ミスや失敗が起きたことを説明しようとすると、「言い訳は聞きたくない」と言われることがあります。「説明」ならよいのですが、その中に「私は悪くない」「私のせいではない」と自分を正当化している意味が含まれてると「言い訳」になります。謝罪で「言い訳」はNGです。

言い訳をせず、信頼回復を図ることが大事

お詫びの際に、言い訳から始まるのはよくありません。「自分は悪くない」という気持ちが透けて見えてしまいます。

人身事故や車両故障といった不測の事態で遅刻したような場合でも、理由は謝罪の後に簡潔に伝えるか、先方に尋ねられたら答えるようにします。

謝罪の後に大事なのは、**同じミスを繰り返さないための改善策**を示すことです。「私の確認不足ですので、今後は十分に留意して取り組みます」など、信頼回復に向けて何をするのか、具体的な言葉で伝えましょう。

Q

会議やプレゼンなど人前での話し方や所作は？

❖ 声のトーン
少し高めの明るい声を意識すると、注目を集めやすいちょうどよいトーンになります。

❖ 姿勢
背筋を伸ばして立ち（16ページ）、うつむかずに顔を上げると声がよく通ります。

❖ ジェスチャー
身ぶり手ぶりを使って話すことを心がけ、視覚にも訴えて。

❖ 服装
ビジネススーツが基本です。誰にでも好感がもたれる清潔感のある装いを（22～25ページ）。

人の前で話すときは多くの人に注目されるので、より話し方や所作、見た目が大切になります。言いたいことが伝わるように、ポイントを押さえて自信をもって話しましょう。

POINT 1

にこやかに、自信をもって話す

背筋を伸ばして立ち、爽やかなほほえみでいるだけで、その人に親近感を覚え、話を聞きたくなります。まずは見た目で引きつけましょう。

KEY WORD

- にこやか
- ハキハキ

❖ 表情、目線

聞き手全体を見ながら話すのが基本です。

❖ 話し方

大事なところや、話が変わるところで間をとったり、ゆっくり話したりして緩急をつけると飽きずに聞くことができます。

❖ 参加者は

話し手から見てにこやかな人、うなずいて聞いてくれる人は、話しやすいものです。
参加者も積極的に聞く姿勢をとり、有意義な場にしましょう。

POINT 2

聞きやすい話し方をする

大勢の人に話の内容が理解できるように、はっきり話しましょう。早口や滑舌が悪いと評価も下がってしまいます。

A 堂々と自信をもって ハキハキ話す

全体をS字状に見渡しながら話す

聞き手を見ながら

1対1で話すときとは違い、全体を見渡しながら話します。話すときの目線は、遠い席から手前側へ、「S」字状にゆっくりと動かしながらが基本。こうすると、一人一人を見ているように見え、聞き手の目に堂々と映ります。

姿勢や表情、目線で自信を表現する

人前で、**堂々とした美しい所作で話ができると、それだけで確実に「デキる人」**に見えます。

まずは背筋を伸ばして立ち、口角を2ミリ上げて明るく爽やかな表情を浮かべましょう。発表中はときどき聞き手を見て、アイコンタクトをとります。広い会場では会場の右奥、左奥、右手前、左手前というようにS字に目線を送ると、全体にまんべんなく目配りをしているよう

滑舌よくハキハキ話して信頼感アップ

滑舌が悪いと、聞き間違いをされたり、専門用語などは何を言っているのかわからなかったりしてしまいます。

原稿は何度も下読みをして、ゆっくりはっきり、一言一言聞き取れるように練習しておきましょう。昔ながらの早口言葉もおすすめです。

これはNG

姿勢、態度が悪い

猫背、腕を組んでいる、体の重心を片方にかけている、険しい顔をしているなどでは聞く気になれません。

また、「えー」「あのー」などが多いのも聞きづらいものです。

手元の資料やモニターのほうばかり見て、聴衆に背中を向けるのも避けましょう。

に見えます。また、棒立ちの姿勢で話すより、手を広げる、資料等を指し示すなどのジャスチャーを加えると、視線を集め頼もしい印象になります。

滑舌や速さなどを意識し聞きやすい発表に

声が小さい、滑舌が悪い、語尾が不鮮明、話すスピードが速すぎる・遅すぎるといった特徴があると、緊張や自信のなさを感じさせます。滑舌よくハキハキ話す、語尾までしっかり発音する、聞きやすいスピードで話す、などを意識しましょう。滑舌などに不安がある人は事前に自分の発表内容を録音し、確認しておくと安心です。

✓ よく使う言い回しを丁寧に

日常	もっと丁寧
・します	いたします させていただきます
・思います	存じます
・言います	申します 申し上げます
・伝えます	申し伝えます
・行きます	参ります 伺います
・わかりました	承知いたしました かしこまりました
・わかりません	わかりかねます 存じません
・いいですか	よろしいでしょうか いかがでしょうか
・知っています	存じております 存じ上げております
・そうです	さようです さようでございます

日常	もっと丁寧
・すみません	申し訳ございません 申し訳ありません
・すみませんが	お手数をおかけいたしますが 恐れ入りますが
・できません	いたしかねます できかねます
・どうすればいいですか	いかがいたしましょうか
・お久しぶりです	ご無沙汰しております
・会います	お目にかかります
・読みます	拝読します
・見ます	拝見します
・受け取ります	拝受します 頂戴します いただきます
・渡します・あげます	お渡しいたします 差し上げます

クッション言葉

お願いをするとき

「お手数をおかけいたしますが」

お手をわずらわせてしまい申し訳ありません、という意味が込められています。

「恐れ入りますが」

こんなことをしていただくのは恐縮なのですが、と控えめにお願いしています。

「お差し支えなければ」

問題ないか、ご判断ください、という意味が込められています。

「大変失礼とは存じますが」

（このようなことを）申し上げる失礼をお許しください、という意味です。謙遜、恐縮しながら意見を述べるときなどに使います。

「今お時間をいただいてもよろしいでしょうか」

相談をしたいときなどに、相手の都合を聞く言い方です。

お断りするとき

「あいにくですが」

都合が悪いことを伝える言い方です。

「せっかくですが」

相手の申し出を丁寧に断るときに用います。

「残念ですが」

本当は意に添いたいところ、やむを得ず断るという意味です。

Chapter
3

好印象の
メールと電話

メールと電話の正しい使い方をお伝えします。今どき、電話は本当に嫌われるツールなのか？スマートな使い方とは？　などを取り上げています。あわせて手紙のよさも再認識しましょう。

Q メールと電話のスマートな使い方は？

メール

メールはデジタル版の手紙。いつでも用件を伝えることができます。

書類を送れる

説明するための資料や画像などを、本文とは別に添付することができます。

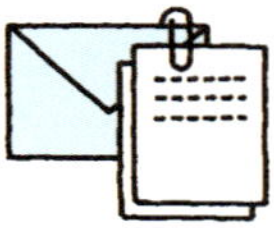

記録が残る

送受信の記録が残るので、時系列にやり取りを追うことができます。

いつでも送れる（時間には注意）

送りたいときに送ることができますが、基本的には就業時間内に送るのがマナーです。

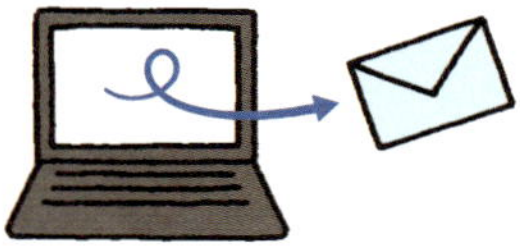

ここに注意

相手の反応がわかりづらい

読んでもらえたのか、用件への返事はいつくるのかなど相手の反応がわかりづらいのが難点。返事を急いでいる場合は、その旨を書いておくことも必要です。

POINT 1

メールは型通りに。簡潔に書く

メールには手紙と同様に型があるので、型に則って書くのが基本。用件が多いときは改行したり１行空けたりしながら、簡潔に書きます。

メールと電話のメリットデメリットをふまえたうえで、通常の連絡はメール、急ぎは電話、などと適切な方法を選びます。感じのいいメール、相手への配慮を忘れない電話を心がけましょう。

KEY WORD

- 型通り
- 記録の有無

電話

電話は「相手の時間を奪う」ともいわれるので、そう思われない気づかいを心がけることが大切です。

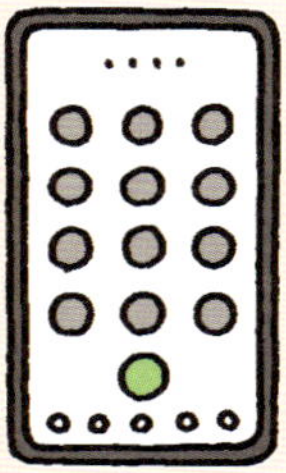

❖ すぐに話ができる

相手の都合さえ合えば、直接相談することができます。

❖ 相手の反応がわかりやすい

メールの文章は無機質でも、実際に話すと話し方や声色から、相手の感情や思いを感じ取ることができます。

ここに注意

記録に残らない

例えば「○月○日○時に」と約束をしても証拠が残りません。「言った・言わない」や聞き間違いも起こりやすくなります。約束事や大事な用件はメールで記録を残すのが安全です。

POINT 2

電話は相手の時間をいただく気持ちで

相手が電話に出た場合は、話す時間をいただいたということ。あらかじめ話したい内容をまとめておき、相手の時間を無駄にしないようにしましょう。

A 1

メール

簡潔・丁寧を心がけ、「型」に気づかいを込める

メールの型

1 件名

件名は、本文の内容から、最も伝えたいことを選んで簡潔に記載します。最後に社名や個人名を入れても。

2 宛名

会社の正式名称や部署、役職、名前を間違えないよう、名刺などを確認して入力しましょう。御中、様も忘れずに。

3 あいさつ、名乗り

メールのあいさつは「お世話になっております」など。改行して「株式会社〇〇の××でございます」と名乗ります。

4 本文

本題を書きます。何についての、どんな用件かを簡潔に書きます。誤字脱字がないように見直しを。

5 結び・署名

結びは「よろしくお願いいたします」など。署名は会社名、所属、名前、住所、連絡先です。

感じのいいメール文は高評価につながる

メール文にはその人の人柄や知性、能力が表れます。**「感じのいいメール文」が書けると「一緒に仕事をしたい」「協力したい」と、好印象をもたれるでしょう。**ただメールは文字だけですから、対面や電話で直接話すよりも、やや冷たい印象になりやすいのも事実です。大事なクライアントやおつき合いが浅い相手へは、ビジネスメールの「型」に忠実に、丁寧でわかり

これはNG

✕ 急ぎの謝罪をメールで送る

メールは相手がいつ読むかがわかりません。一刻も早くすべき大事な謝罪をメールで送ってしまうと、たとえ丁寧な文章でも謝罪の気持ちが伝わりません。すぐに伝えることに意味があることは、メールよりまず電話です。

クッション言葉などで柔らかさを

会話のときと同様、依頼やお断りをメールで伝えるときは、そのまま書くと、意に反して「冷たい人」の印象をもたれてしまいます。「恐れ入りますが」「せっかくですが」などのクッション言葉（82ページ）を入れると、あたたかみが出ます。

やすい文章を作成しましょう。

「型」の中に気づかいを込める

件名は、わかりやすい文言にします。返信の際にいつまでも同じ件名を使い回すと、かえってわかりにくいことがあるので内容に合わせて見直しを。宛名を書く際は、先方の会社名の表記や名前を間違えないように十分注意を払います。

あいさつでは、久しぶりのメールなら「その節はお世話になりました」と、前回のやり取りのお礼や感謝を伝えると感じがいいものです。本文は、断定的・高圧的にならないようにクッション言葉も添えましょう。

A 2

電話

まず、相手の時間をいただくことへの気づかいを見せる

電話をかける型

1 名乗り・あいさつ
はっきりとした明るい声で名乗り、あいさつをします。

〇〇社の□□□と申します。いつもお世話になっております

2 取り次いでもらう
部署と名前を伝えて取り次いでもらいます。

〇〇課の山田様はいらっしゃいますでしょうか？

3 相手の都合を聞く
相手が電話に出たら、今、話す時間があるかを確認します。

5分ほど、お時間よろしいでしょうか？

4 用件を伝え、お礼とともに切る
あらかじめ用件はまとめておき、簡潔に伝えましょう。

〇〇の件ですが…お忙しいところありがとうございました失礼いたします

※会社の固定電話にかけるとき。

かける前に、メールで確認しても

「いきなり電話をかけるのは失礼」と思う人もいることから、「電話をかける前に、メールなどで都合を聞く」ことも。相手や社風に合わせればいいでしょう。急ぎの際はその必要はありません。

感情やニュアンスを伝えられるのが電話のよさ

若い人を中心に、電話が苦手な人が増えているようです。また「電話は相手の時間を奪う前時代のツール」として敬遠する人も。しかし、メールだとやり取りが多くなってわずらわしい用件は、電話のほうが早い場合もあります。**声色や話し方で感情やニュアンスを伝えられるのも電話ならではのよさです**。目的やシーンに合わせて電話を使いましょう。

電話を受ける型

1 名乗る

なるべく3コール以内に電話を取り、声のトーンはやや高くして、会社名を名乗ります。

〇〇社でございます

2 あいさつ

相手の名乗りとあいさつを受けて、こちらも返します。名前が聞き取れなかったら、聞き返して。

いつもお世話になっております

3 取り次ぐ

必ず保留にしてから取次ぎます。時間がかかりそうなときは途中で電話に出て、状況を伝えます。

→

不在だったら

担当者が不在の場合は、先方にその旨を伝え（95ページ）、折り返すか用件を伺うかなど、意向を確認します。

※会社の固定電話で受けるとき。

✓ 相手への気づかいがあれば電話をかけても嫌がられない

電話が嫌がられるのは、いきなりかけてきて長々と話す、お昼どきにかけてくる、メールですむような内容、など「自分本位」なときです。
「今、お時間よろしいでしょうか？」と相手を気づかい、手短かに話せば、快く応対してもらえるでしょう。

まず相手の都合を確認。態度は声にも表れる

スマートフォンが普及した現代の電話のマナーとして意識したいのは、**相手が電話で話せる時間・環境にあるのか配慮をする**ことです。ですから第一声で「お忙しいところ恐縮ですが3分ほど、お時間よろしいでしょうか」などと確認をとります。

また電話は声だけのコミュニケーションツールですが、電話の声で、態度も伝わってしまいます。たとえば、ふんぞり返った姿勢で謝罪をしても声に気持ちが乗りません。相手に見えないからといって油断しないように注意を。

Q 手書きで手紙を書くことの意義は？

手紙を書く

手紙は時間がかかる、字が下手だから、と敬遠してしまいがちですが、裏を返せばそこが手紙の魅力です。

❖ 相手を思って書く時間と手間

手紙を書くには多くの時間と手間がかかります。

❖ 文字に個性が表れる

文字には書いた人の個性が表れます。それはパソコンの文字では出せない価値があるものです。

❖ 印象がよくなる

メールやSNSに慣れている時代、手書きの手紙は新鮮味があり特別な印象を与えることができます。

POINT 1

相手に丁寧な印象を与えることができる

手書きの手紙は、内容だけでなく、便箋や封筒、切手の選び方も含め、丁寧な印象を与えることができます。

デジタルの時代になっても、お礼状やお詫び状などはメールよりも手紙が効果的です。パソコンならあっという間に書き上がるものを、手書きをして時間を使ってくれたことが相手にも伝わるからです。

KEY WORD

- 手書き
- 時間

手紙をもらう

手書きの手紙をもらうと、あたたかく、うれしい気持ちになります。それは文字や文章からにじみ出る相手の好意が伝わってくるからです。

❖ 特別感がある

送り主が、自分のために時間を割いて書いてくれたという特別感を得ることができます。

❖ 手元に残る

メールは、思いがけなく失ってしまうことがありますが、手紙は捨てない限り残ります。

❖ 気持ちが伝わる

便箋や文字、文章からは、送り主の人柄や思いが伝わってきます。

POINT 3

手書きのあたたかさ、季節感が伝わる

文字には人となりが表れ、受け取った人はあたたかい気持ちになるもの。はがきや便箋、切手などでも季節感を表すことができます。

POINT 2

相手を思って書く時間、手間に価値がある

文章を手書きしている時間は、そのまま相手のことを思っている時間。かけた時間と手間こそが手紙の価値です。

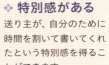

A 相手を大切に思う気持ちがしっかりと伝わる

手紙の基本

1 形式を選ぶ

封書、はがき、一筆箋などがあります。ビジネスでは相手に失礼ではないかに着目して選びましょう。

2 文章の形式に則って書く

手紙は前文、主文、末文、後付けの４ブロックで書けば間違いありません。

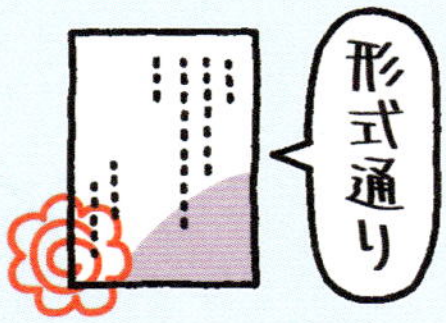

3 宛名も丁寧に

宛名は受け取る人がまず最初に目にするところ。丁寧な文字で間違いなく書きましょう。

一筆箋はすぐに本題を書く

書式に決まりはなく、行数も少ないので、あいさつは簡単に。すぐに本題に入ります。

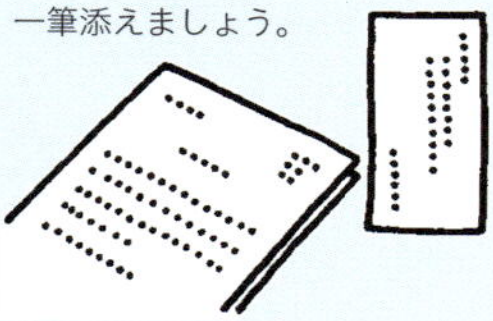

書類を送るときは一筆添えましょう。

美しい手書きの手紙に教養や品位が表れる

　メールや電話、SNSで簡単に連絡を取り合える時代ですが、礼儀や大切な人を思う気持ちなどを効果的に表現することができるのが手紙です。適切なときに**美しい文字で手紙をしたためられると、「教養や品位のある人」**になれます。

　ただしビジネスシーンでの手書きの手紙は、〝重い〟印象になることも。相手や内容により、タイミングや形式を見極めて、

形式通りに書くことで丁寧さを表す

拝啓

師走を迎え、貴社におかれましては、ますますご健勝のこととお慶び申し上げます。

さて、この度はお心のこもったお歳暮の品をお送りいただきまして、誠にありがとうございました。このようなお心づかいを賜り、うれしく存じます。

早速社員一同、おいしく頂戴いたしました。

厳しい寒さが続きます。皆様どうぞご自愛ください。

略儀ながら、書中にてお礼申し上げます。

敬具

令和○年○月○日

株式会社　○○○○○　代表取締役　○○○○

株式会社　○○○○○○　○○部の皆様

頭語

「こんにちは」にあたる書き始めの言葉です。頭語は結語とセットで用います。

前文

頭語、季節感を伝えるあいさつ、相手を気づかう言葉の3つの要素を書きます。

主文

「さて、ところで、実は」などの起語を用いて、手紙の目的・用件を述べます。

末文

相手の健康や無事を願う言葉や、用件を総括する言葉を述べ、頭語に対応する結語で結びます。

結語

「さようなら」にあたる文の終わりの言葉。「拝啓」に対応する結語は「敬具」です。

後付け

書いた日付、差出人、宛名の3つを書きます。はがきの場合は省略してOKです。

ここぞというときに活用しましょう。

あらたまった手紙は封書で。親しい人なら、はがきも○

目上の人に贈る手紙やあらたまった内容のときは、封書の手紙が適しています。**前文・主文・末文・後付けの「型」通りに書くことで敬意を表します。**

封書の手紙より文字量が少なく、気軽に書けるのがはがきです。暑中見舞いなど季節のあいさつや、親しい人へのお礼・お祝いなど、内容が人目に触れてもいいものは、はがきも便利です。ちょっとした贈り物なら、一筆箋で一言添えると、親しみも感じられて素敵です。

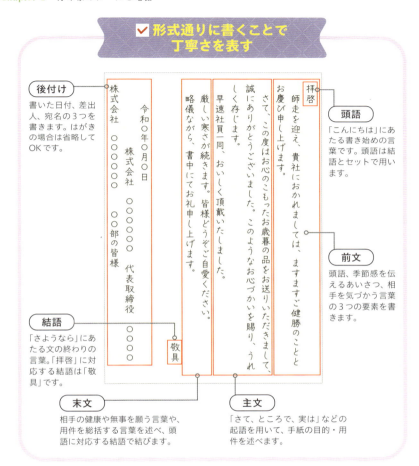

こんなときのメール文

長文になってしまったら

長くなるとそれだけ読む時間もかかるので、相手に負担になります。もしも長いと感じた際は、最後に「長文失礼いたしました」と添えましょう。

早朝や深夜に送るとき

早朝や深夜、休日に送ってしまうと、相手に「すぐに返信をしたほうがいいのだろうか？」と気をつかわせてしまいます。

ただ、緊急の場合もあるので、その際は「早朝（夜分・休日・就業時間外）に失礼いたします」など一言添え、お詫びとともに理由も記しておくと、誠意が伝わります。

久しぶりの方へ
ちょっとした用件でメールをする

「大変ご無沙汰しております。以前○○のお仕事ではお世話になりました。その節はありがとうございました」など、以前やり取りした内容などに触れると、相手も「覚えていてくれた」とうれしく思ってくれるでしょう。最後は「またご一緒できると（またお手伝いいただけると）幸いです」などで締めくくるとよいでしょう。

関係性によっては柔らかさも

メール文はかたくなりすぎに注意

メールの文章は、丁寧に書こうとするとどうしてもかたくなりがちです。相手との関係性にもよりますが、今までのおつき合いから察して、いつまでも丁寧すぎるとかえってよそよそしく、「応用が利かない人」という印象を与えてしまいます。

かたくなりすぎない、丁寧すぎないほうが、感じがいいこともあるので、加減が必要です。

こんなときの電話フレーズ

電話をかける

相手が不在だった際に、後でかけ直すとき

→では、戻られるころに、あらためてこちらからお電話をいたします。

相手が不在だったため、伝言を頼むとき

→お手数をおかけしますが、伝言をお願いしてもよろしいでしょうか？

自分が離席中に電話があり、折り返し電話をかけるとき

→先ほど○○様からお電話をいただいた○○と申します。○○様はお手すきでしょうか？

電話を受けたが、担当者が不在

すぐに戻るとき

→ただ今席を外しております。

外出しているとき

→申し訳ございません。あいにく○○は外出しております。○時頃戻る予定です。

休んでいるとき

→申し訳ございません。あいにく○○は休暇をとっております。○日には出社する予定です。

すでに帰宅したとき

→申し訳ございません。本日はすでに退社いたしました。

→本日は失礼させていただきました。

Column2

マナーとエチケット 何が違うの？

「マナー」と「エチケット」は、どちらも日本語にすると「礼儀作法」となります。両方が重なる部分は少なくありません。

まず「マナー」の語源は、ラテン語の「手」を意味するmanusと言われています。マナーは「社会・集団」を対象として、全体として皆が気持ちよく過ごすための行動、ふるまいを指すことが多いようです。

例えば公共マナーと言えば、公共の場にふさわしい行動を指します。電車やバス、エレベーターで「降りる人を優先させる」などの乗降マナーは、皆が守ることで安全かつスムーズな乗降が可能になります。またテーブルマナーのように、そうすることが望ましい古来の作法を表すこともありますし、喫煙マナーや携帯マナーなど、まわりの人に迷惑をかけない物の扱い方・行動を指すこともあります。

一方の「エチケット」は、フランス語estiquer「貼りつける」が語源で、宮廷に立ち入る際の礼儀をまとめた札に由来しているとされています。エチケットは「特定の個人や目の前の相手」を不快にさせないための気配りを表すことが多いようです。

例えば、咳やくしゃみをするときにハンカチなどで鼻と口を覆うのは「咳エチケット」です。また衣類のほこりを取るブラシを「エチケットブラシ」、乗り物酔いで使う袋を「エチケット袋」と呼びます。他にも汗や体臭・口臭を防ぐ商品をエチケット商品というなど、衛生に関する気づかい・行動でもよく使われます。

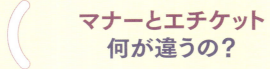

Chapter

4

スマートな訪問・来客応対

社会人としての経験を積んでいても、いざ対面するとなると、自信をもってふるまえないことや、知っているようで知らなかったことがあります。ここでおさらいしておきましょう。

Q

訪問

「御社へ伺います」というときの心構えは？

KEY WORD
・準備
・装い

メールやオンラインで仕事の用件がすんでしまう時代。「対面しないまま、仕事が終わった」ということも増えました。だからこそ、対面の印象は大事にしたいもの。あなたのふるまいが会社の評価に直結します。

前日までの準備

遅刻と忘れ物があると印象が最悪になるばかりか、仕事にも支障をきたします。時間や場所、持ち物の確認は怠りなく。

❖ アポイントメントの確認

「○月○日の午前（午後）○時に△△にて…」と先方へメールで確認しておくと安心です。

❖ 場所の把握

訪問先への経路、地図を確認して当日迷わないようにしておきましょう。

❖ 必要な持ち物をそろえる

書類や資料などは、少し多めに用意しておくと安心です。

POINT 1

目的に合わせた準備

打ち合わせ、営業、商談、謝罪など、訪問する目的に合わせ、書類や資料などをもれなく準備します。

当日の確認

出かける前は、鏡の前で身だしなみを最終チェックしましょう。
5～10分前には建物の前に到着するよう、余裕をもって。

ネクタイ

曲がっていたり緩んだりしていないか、鏡を見て確認。

髪

ボサボサ髪に清潔感はありません。ロングヘアはすっきりまとめて。

メイク

女性の場合、まったくのノーメイクではなく、明るく品のよいメイクを。男性のメイクでは清潔感が第一です。ひげのお手入れはマスト。

靴

かかとの減りや汚れがないか最終チェックを。

❖ 交通・天気情報

電車の遅延、道路の渋滞、天気の崩れなども確認しておくと安心です。

❖ 持ち物

「用意しておいたのに忘れた」ということがないように、出かける前にもう一度チェック。

POINT 2

身だしなみを整える

出かける前に、髪が乱れていないか、ネクタイが緩んでいないかなど、身だしなみを整えます。駅のトイレなどで最終チェックをして完璧に。

A 1

準備

準備がすべて。少なくとも5分前行動を

訪問の流れ

1 到着・受付

遅くとも5分前には先方の建物の前に到着し、受付などをすませて相手を待ちます。

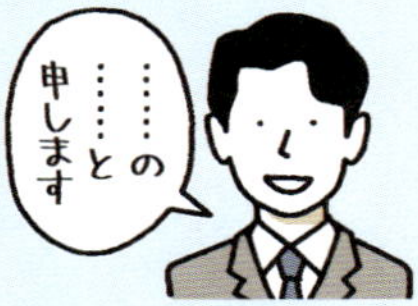

2 入室

部屋に案内されたら一礼して入室。下座に座り、上座をすすめられたら「失礼いたします」と言って移動します。

3 あいさつ・名刺交換

担当者が入室したら起立し、あいさつをします。初対面の場合は名刺交換を。

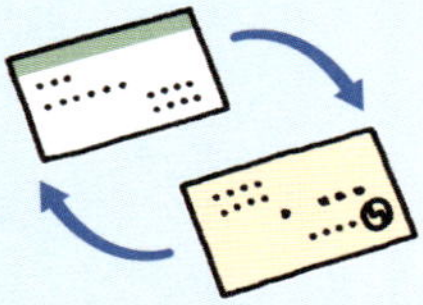

4 会議や商談

訪問の目的である会議や商談は、時間内に終わらせるよう、要領よく進めます。

5 退出

お礼を述べて、名刺をしまい、忘れ物がないように確認して退出します。

ゆとりある計画で遅刻や忘れ物を回避

取引先を訪問するときは、**事前の「準備」で成否が決まる**といっても過言ではありません。

服装は訪問の目的に合わせて選びます。スーツを基本として、カジュアルな打ち合わせでもジャケットを用意すると安心です。髪型、メイクやネイルなども、清潔感が感じられるように配慮します。

少なくとも5分前には着くように、訪問先までのルート・移

何があっても慌てず、相手を不快にさせない

遅刻しそう

移動中、遅延や渋滞に巻き込まれる可能性は十分あります。遅刻しそうになった時点ですぐに「〇分ほど遅れそうです」と伝えるのはもちろん、ギリギリで間に合いそうなときでも「ギリギリになりそうです」「遅れる可能性があります」と伝えましょう。

手土産を忘れた

急いで用意したとしても、簡単な物ですませたんだなと思わせてしまわないようにしましょう。「用意しておいたのですが忘れてしまい、近くで調達した物なのですが」と率直に伝えます。相手をがっかりさせないのも気づかいです。

悪天候

天気予報で暴風雨や暴風雪、猛暑が予想され、交通に影響することもあります。移動中の安全を考え、「遅延などでご迷惑をかけても申し訳ないので」とオンラインに切り替えたり、延期を検討したりなど提案するのもデキる人です。

動時間は、ゆとりをもって計画します。持ち物も、実際の訪問時の流れを想定し、忘れ物がないように入念に確認します。

突然の出来事は気づかいを示すチャンス

しっかり準備をしても、思いがけないことが起こることもあります。不測の事態で待ち合わせ時間に間に合うかわからないときは、すぐに一報を入れましょう。手土産を忘れたことに気づいたときは、訪問先の近くでもよいので調達し、一言を添えて渡します。

突然の出来事でも慌てず、相手の時間や訪問の機会を大切にする気持ちを伝えましょう。

A 2

訪問時

スマートにふるまいたいなら基本の訪問マナーを身につけておく

コートや手荷物の扱いは訪問マナーに忠実に

訪問先でのふるまいは、思った以上に人に見られています。基本の訪問マナーが身についていると、自信をもって行動できますし、先方も気持ちよく来客を迎えられます。

訪問先では、オフィスの建物の外でコートを脱ぎ、身なりを整えて受付をします。会議室に入室した際、空いた椅子にビジネスバッグをドサッと置くのはマナー違反。椅子を汚さないよ

✓ コートを裏にして持つのはほこりを落とさない気づかい

外のちりやほこりを室内に落とさないことがマナー。建物の中に入る前にコートを脱ぎ、マフラーや手袋も外します。

脱いだコートは、裏返し、腕にかけて持ちます。帽子やサングラスも外します。

✓ 荷物の置き方にも訪問者の気持ちが表れる

電車の中では床に置くだろうと思われるくらい大きなバッグは、空いているからといって椅子の上に置くのはNG。床に置くのがマナーです。普段のビジネスバッグも、遠慮の気持ちを表すなら床へ。

ハンドバッグ程度のサイズなら背中側に置きます。

ただし、手土産は相手に差し上げるものですから、床に置くのはNGです。

名刺同時交換の型

1 訪問者が先に差し出す

訪問した側からやや先に、会社名と部署名、名前を伝えながら名刺を差し出します。左手に名刺入れ、右手に名刺を持ち、そのまま片手でお渡ししてOKです。

2 相手の名刺を受け取る

相手の名刺を受け取り、「頂戴いたします。よろしくお願いいたします」とあいさつします。受け取った名刺はウエスト～胸の高さくらいの位置に持ちます。

3 名刺入れの上に置く

いただいた名刺は名刺入れの上に置いて、会議などに入ります。名刺交換した相手が複数の場合は、席の並びと同様に置くと名前を間違えません。

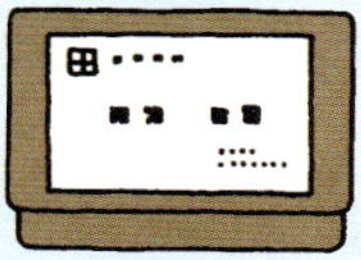

手土産は紙袋のまま渡しても失礼ではないことも

紙袋から出すとより丁寧ですが、オフィスへのお土産の場合は仰々しくなってしまいます。「袋のままで失礼します」と渡すのがスマートでしょう。お中元・お歳暮などかしこまったシーンでは、紙袋から出して渡しましょう。

うに床に置くのが正解です。

名刺交換や手土産は相手やシーンに合わせて

ただし、必ずしも正式なマナーにこだわりすぎなくてもいい場面もあります。例えば名刺交換は「両手」が基本とされていますが、同時交換のときは、片手で渡しても失礼にはなりません。手土産は、正式には名刺交換の後に紙袋から包みを出して渡しますが、それでは〝あらたまった印象〟になりすぎるときは、紙袋ごと渡してもいいでしょう。**基本のマナーを知ったうえで、その場に合わせてスマートに**ふるまいましょう。

A 3

訪問時

常に相手から見られている意識で ふるまい、好印象を残す

✓同行した上司や先輩へもマナーよく

上司が同行した場合、訪問先の受付や担当者を呼ぶなどの雑務は若手が行います。会議室などへの入退室では上司を先に通し、席も上司が上座に座ります。
そのようなふるまいは先方の目に映り、「マナーをわきまえている会社」という印象を残すことができます。

✓訪問者から話を切り上げ、感謝を述べる

用件がすんだら、訪問者のほうから「それでは本日はこの辺で…」と話を切り上げます。
テーブルの上に資料が広がっていたらまとめるなどして、きれいな状態に戻して失礼しましょう。

組織内のふるまいや時間感覚も見られている

上司と部下など、複数人で訪問する場合、入室・退室やあいさつ、**名刺交換は役職が高い人から順に行います**。席次（１０６～１０７ページ参照）も、先方に案内されたら役職順に上座から着席します。

商談や会議中はパソコンやメモに集中しすぎず、**アイコンタクトや表情・相づちで共感や理解を示しましょう**。

時間の余裕があるときは雑談

✔ 去り際も気を抜かず、2度振り返る

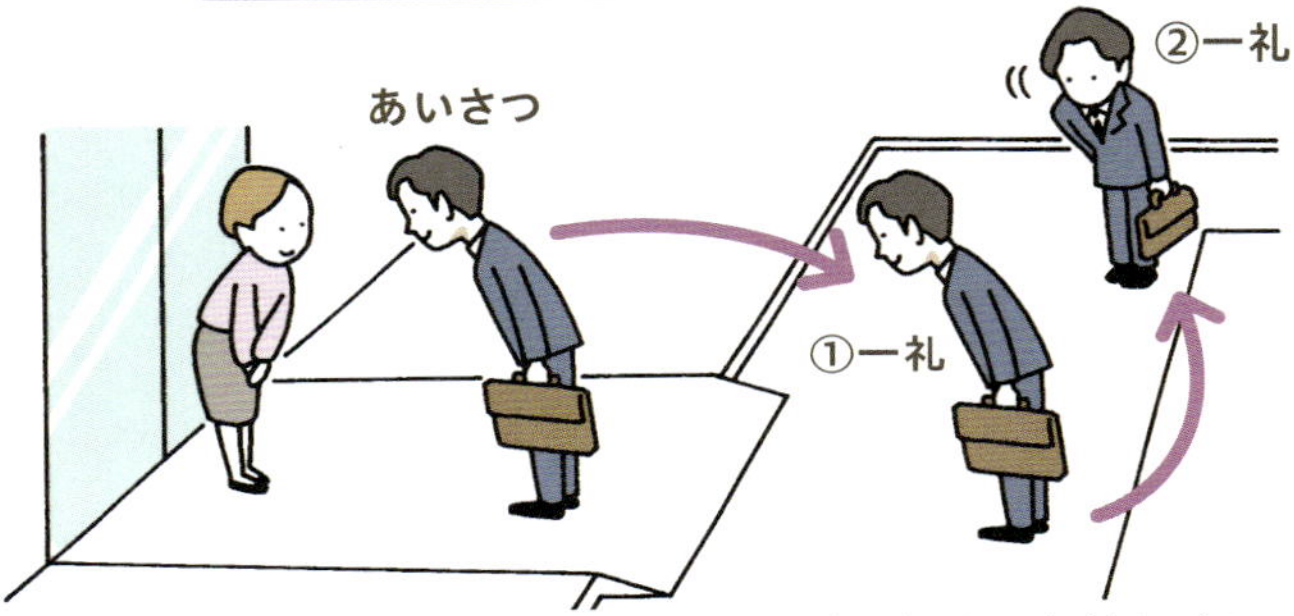

エントランスでお見送りを受けたときは、「本日はありがとうございました」とお辞儀（30度）をして別れます。
少し歩いたら振り返ってお辞儀、さらに進んで（曲がり角などがあればその手前で）もう一度振り返ってお辞儀をすると丁寧です。

✔ コートは相手と会わない所で着る

脱いだコートは持ったまま出て、相手から見えない所まで出てから着ましょう。

相手に「お寒いですからお召しになってください」と勧められたときは、「お言葉に甘えて」と着てかまいません。

をして雰囲気を和らげるのもいいですが、約束の終了時間は守ります。「本日は貴重なお時間をいただき、ありがとうございました」と、訪問者から切り出すのがマナーです。

別れ際は、最低2回は振り返ってあいさつを

訪問で、意外に印象を左右するのが別れ際のふるまいです。

見送りを受けるタイミングは会議室・応接室内、廊下、エレベーターホール、玄関・エントランス、建物外などいくつかありますが、**訪問者は最低2回は振り返り**、お辞儀をするのが好感のもたれる別れの所作です。

席次の基本

出入口から最も遠い席が「上座」、出入口に一番近い席が「下座」になります。基本を押さえておけば、慌てずに判断できます。

お客様は「上座」へ、もてなす側は「下座」に

「上座」「下座」という席次により、敬意や役職の高低を表します。かつての武家社会で、身分の高い人が他の人より一段高い場所に座っていたことや、敵の侵入に備えて大将の席を入口からいちばん遠い場所にしたことなどが由来です。

つまり「上座」は床の間に近く、入口から最も遠い席で、お客様など上席の人が座ります。その反対が「下座」で、もてなす側などが座ります。

和室

床の間の前や花や壺などが飾られている前が上座、出入り口に近い席が下座です。

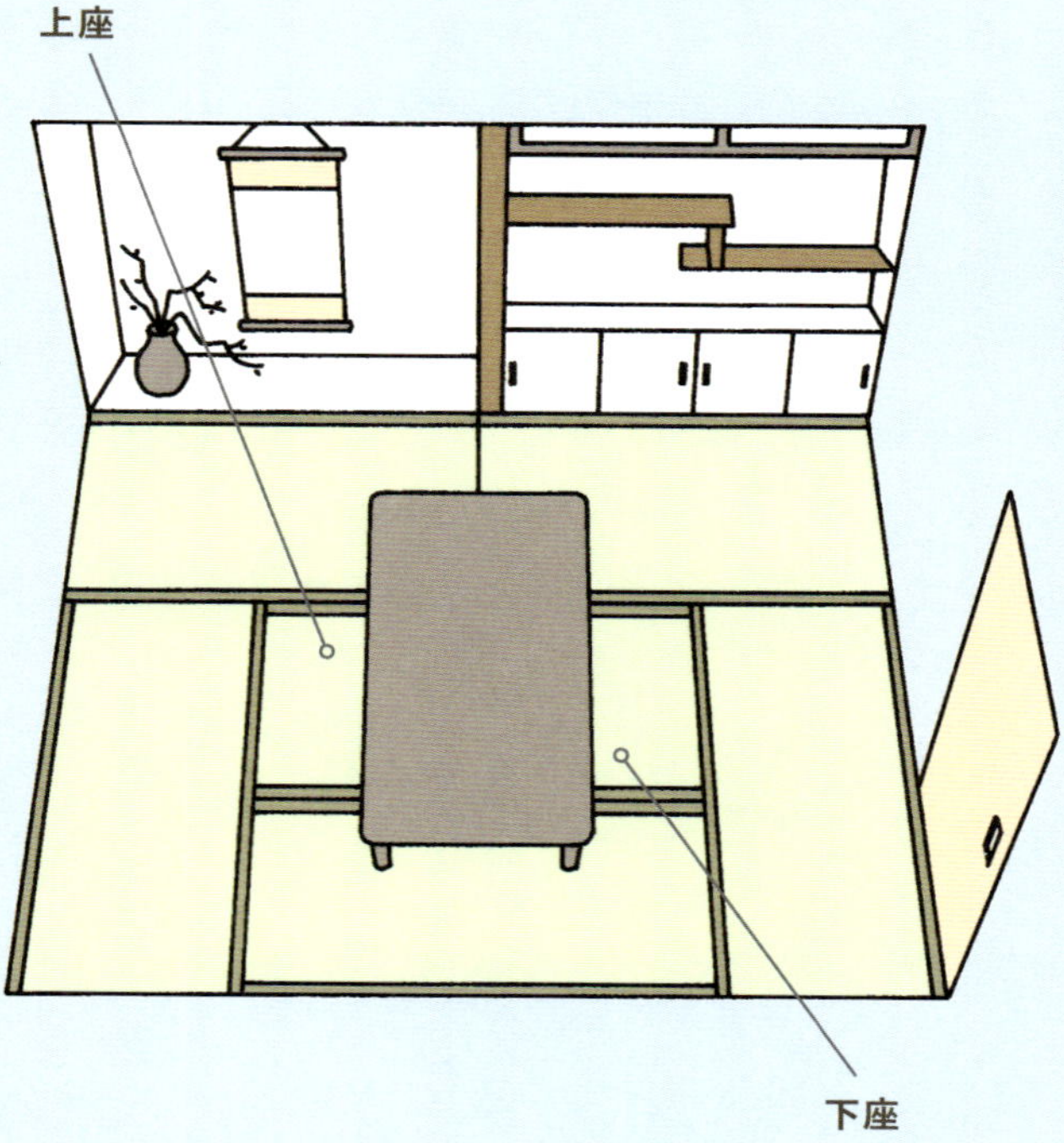

おもてなしの心や敬意を表すのが席次

床の間のある和室だけでなく会議室や応接室、エレベーターなどにも「上座」「下座」があり、ビジネスマナーとしても浸透しています。各席次の基本を確認しておきましょう。

席次はおもてなしの心や敬意を伝えるものでもあります。「本来こちらにお座りいただくべきですが、もしよろしければ」と窓の外の花が見える席に案内するのも気が利いています。

相手や状況に応じて配慮ができると素敵です。

会議室（コの字型に座る場合）

出入り口から遠い場所の真正面に議長や進行役が座ります。来社した側は、入口から最も遠い席が上座に。自社側は出入り口に近い下座に座ります。

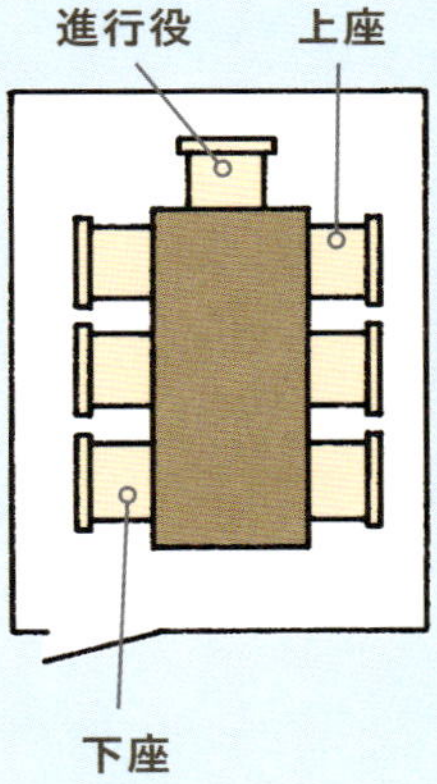

応接室

入り口から最も遠い席が上座です。絵画や花が飾られている側や、眺めのよい窓がある場合は、それが見えるほうが上座。ソファがある場合には、長椅子のソファが上座、一人掛けのソファが下座です。

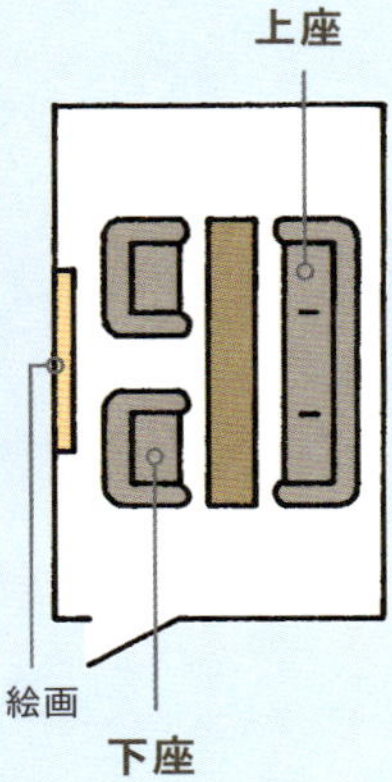

タクシー

タクシーの場合、運転席の後ろが上座→助手席の後ろ→後部座席中央→助手席、の順で下座になります。

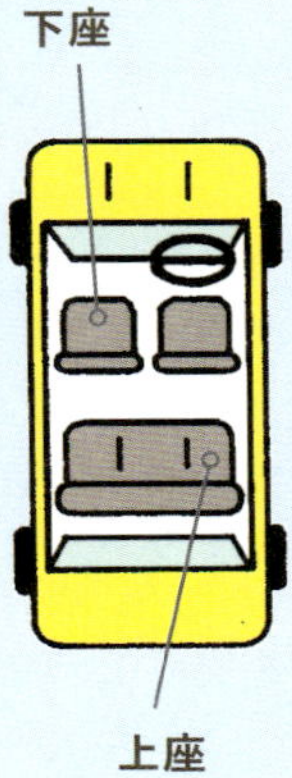

エレベーター

操作盤の前や出入り口の近くが下座、その後ろが上座になります。

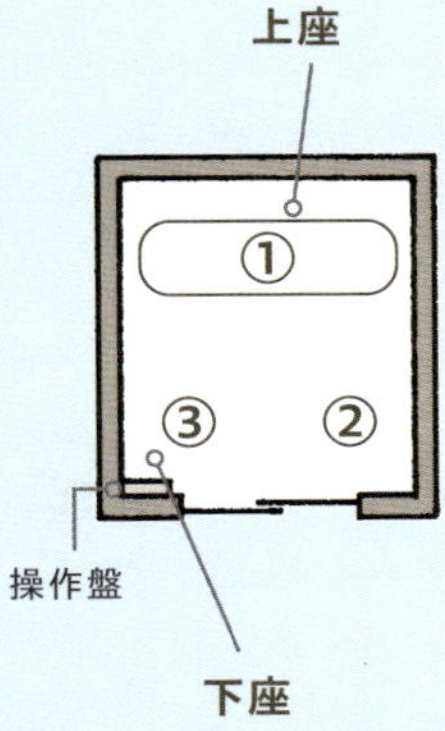

Q 来客応対の所作と気づかいで大切なことは？

ご足労いただいたお客様を迎えるとき、どんな心構えで、どうふるまえばいいでしょうか。お客様に、「信頼できる会社だな」「来てよかった」と思っていただけるような気づかいを考えましょう。

KEY WORD

- 場所の準備
- 出迎え

前日までの準備

当日慌てないように、前日までに面会場所の予約や、人数の確認をしておきましょう。

❖ アポイントメントの確認

前日までに、約束の日時、場所の確認をメールで行います。

❖ 経路の連絡

予定の確認のとき、わかりやすい地図や、「迷われる方が多いので」と目印を送っておくと親切です。

❖ 会議室などのセッティング

会議室や応接室などがキープできているか再度確認し、椅子の数もそろえておきます。

POINT 1

場所を整えておく

会議室や応接室のセッティング、お茶の準備などをしておきます。人数を把握しておきましょう。

当日の出迎え

お客様が来社されたら、迎えに出て部屋までご案内します。にこやかに出迎えることで、お客様はひと安心です。

❖ 名前の確認とご案内

お客様が名乗らなかったときは、「恐れ入りますが、お名前をお伺いしてもよろしいでしょうか」とお聞きします。
「2階の会議室へご案内します」と行き先を告げて、お客様の斜め前を歩いて誘導します。

❖ 迷っている方を見かけたら

「いらっしゃいませ。ご用件は伺っておりますか？」と声をかけましょう。お客様の不安が払拭されます。

POINT 2

にこやかに出迎える

第一印象は最も重要です。自然なほほえみで応対しましょう。相手の目を見て、「いらっしゃいませ」と30度のお辞儀をします。

A

お客様を不安にさせない、緊張をほぐす対応を

ご案内の型

1 会議室などへご案内する

お客様を会議室などへご案内する際は、お客様を不安にさせないよう「○階の会議室にご案内いたします」と、行き先を告げます。

2 お客様の斜め前を歩く

案内する人は、お客様の斜め前を歩いて先導します。エレベーターにはお客様に先に乗っていただきます。

3 会議室のドアをノックする

目的の部屋に着いたら、いきなりドアを開けるのではなく、念のため必ずノックをし、空いていることを確認します。

4 お客様を通す

内開きのドアの場合は案内人が先に入室し、外開きの場合は、廊下側でドアを押さえます。入室したら、上座の席に案内します。

自然なほほえみで対応し、斜め前を歩いて案内

お客様をお迎えするときは、**慣れない場所での不安や緊張をほぐすほほえみで対応します**。

訪問先へ案内するときは「○階の会議室にご案内します」と行先を告げたうえで、お客様の斜め前を歩いて誘導します。

会議室に入る際は、押して開けるドアは自分が先に入り、引いて開けるタイプはドアを引き、お客様を先にお通しします。室内では上座をおすすめします。

ペットボトルのお茶出し

ペットボトルをお出しするときは、蓋を閉めたまま「ペットボトルのままで失礼いたします」と一言添えましょう。紙コップがあれば一緒にお出しします。
お帰りの際、お茶が残っていたら「お荷物でなければお持ち帰りください」と伝えると、遠慮なく持ち帰れます。

お見送りをする

エレベーターホール

エレベーターが到着し、お客様が乗られたら、あいさつを述べてお辞儀（30度）をします。

エントランス・車寄せ

徒歩やご自身の車・タクシーでお帰りになる場合は、お客様の姿が見えなくなるまでお見送りします。

お茶出しやお見送りも気づかいを表す所作で

お茶（日本茶）をお出しするときは、**お茶の入った湯呑と茶托は別々にお盆にのせて運び、茶托に湯呑をセットしてお客様の右側から置く**のがマナーです。

最近はペットボトルをお出しする場合も増えていますが、紙コップを添える、夏は冷やした飲料を提供するなどの気づかいをするといいでしょう。

お帰りの際は、通常はエレベーター前まで、あらたまったお客様はオフィスのエントランスまでお見送りします。敬礼でお辞儀をしてゆっくり頭を上げると、品のいいあいさつになります。

Q

オンライン会議ならではのマナー・ルールは？

オンラインとはいえ、参加するときのマナーは対面の会議と変わりません。参加する場所や機器の扱い、接続状況など、オンラインならではの要素を理解し、対応できるようにしておきましょう。

KEY WORD

- 場所
- 接続状況
- 話し方

参加までの準備

オンライン会議の予定が決まったら、まず、会議に参加する場所を確保しましょう。

❖ 静かでインターネットに接続可能

インターネットに接続できることと、会議にふさわしい静かな環境を確保します。

❖ 日時と招待リンクの確認・連絡（招待する側）

会議に招待するときは、会議ツールへの招待リンクを作成し、参加者へ送付します。

❖ 映像や音声の確認

会議が始まる前に、カメラとマイクの確認をしておきましょう。背景の映り方もチェックします。

POINT 1

場所と接続状況を確認する

雑音が多い、インターネットの接続状況が悪いとなると、会議に影響が出ます。静かでインターネットも確実につながる場所で。

オンライン会議のマナー

オンラインでもマナーは対面と同じと考え、出勤や訪問時と同じ身だしなみが基本です。服装が整っていると、会議に臨む姿勢が表せます。

❖ 余裕をもって入室する

ホストのときは、5分前までには会議ツールを開いて参加者を迎えられるようにしておきましょう。ホスト以外の人は1分前までには入室し、定時に始まるようにします。

❖ 身だしなみは対面と同様に

オンライン会議の内容によって、オフィスカジュアルでいいのか、スーツがふさわしいのか、相手と状況で考えます。

❖ ゆっくりはっきり話す

オンライン会議の音声は、どうしても聞き取りづらくなりがちです。ゆっくりはっきり話すことを心がけましょう。

❖ うなずいて反応する

相づちを声に出すと、会話にかぶってしまうことがあります。うなずいて反応し、必要なときに声で反応をしましょう。

POINT 2

相手に伝わりやすい話し方、反応をする

画面越しなので、対面時よりも意識してはっきり話し、ジェスチャーも交えます。声がかぶらないよう、反応はうなずきを中心に。

A

静かな環境で参加し、相手に伝わる話し方・反応を心がける

環境や設備をチェックし、準備を整える

オンライン会議は場所を選ばないのがメリットですが、雑音が多い場所は声が聞きづらく、参加者も落ち着いて話ができません。**会議にふさわしい静かな環境を用意します。**

ネット接続が切断してしまったり、マイク・カメラのトラブルなどが発生したりしないように設備の確認を。顔が暗くならないように照明も調整しておきましょう。

☑ 周囲の雑音が入らない環境で行う

どこから参加するにしても、周囲の雑音が少ない場所を選びます。雑音が気になるときは、自分が発言するまではミュートにしておくとよいでしょう。
ヘッドセットを使うと、相手に聞こえやすくなり、相手の声も聞きやすくなります。

☑ 会議が中断しないよう、確認をする

音声に不具合があったり、映像がうまく映らなかったりすると皆が会議に集中できません。会議が始まってから慌てることがないように、前もって確認をしておきましょう。

確認しておくこと

- □ インターネットへの接続
- □ 音声の聞こえ方（ハウリング・エコーがないか）
- □ 自分の映り方
- □ 背景
- □ 画面共有や録画の仕方

ゆっくり、はっきり話す 人の話には反応する

発言が他の人と
かぶらないようにする
ゆっくりめに、
はっきりと話す
ときどきカメラを見て
アイコンタクトをとる
トーンは少し
高めに
話すときに
ジェスチャーを入れても
人の発言にはうなずいて
反応する

オンラインでは、マイクを通すため少しこもった声になってしまいます。発言をするときは少し高めの声を意識し、「以上です」「いかがですか？」など語尾まではっきり話しましょう。
また、つい参加者が映っている画面を見て話しがちですが、ときどきカメラを見ると、アイコンタクトがとれます。

画面上では、対面時よりも「動き」を意識して

オンラインとはいえ、**仕事の会議なら、出勤時に準ずる服装・身だしなみで参加し、背景はシンプルにしましょう。**

ゆっくりはっきり話す、表情やうなずきをやや大げさにするなど、対面時より「動き」を大きくすると、会議も活発になります。会議中にお茶を飲むなら、話が一段落したときや画面共有中、マイクをミュートにしてなど配慮するといいでしょう。

なお、画面上の並びまで「上座」「下座」を気にする必要はありません。

Column 3

季節感を大切にすると心の余裕が生まれる

日本は美しい四季のある国です。春夏秋冬の草花をめでる、旬の食材のお料理を楽しむ、気候に合わせて装いやインテリアの衣替えをするなど、そのときどきの季節を味わって暮らすことが、気持ちのゆとりや心の豊かさを作ってくれます。

例えば季節の行事を大切にするのも、その一つです。1年の始まりにいただくお正月のおせちは、神様とともにありがたく頂戴する大切なお料理です。昆布巻き（喜ぶに通じる、子孫繁栄）、栗きんとん（金運）、かまぼこ（魔除けと清浄）、たたきごぼう（家庭円満、繁栄）、黒豆（まめまめしく、健康で勤勉に）など、一つひとつのお料理に込められた意味を理解して、ありがたくいただきましょう。節分に豆まきをしたり、お子さんのいる家庭ならお節句に鯉のぼりや武者人形、雛人形を飾るのも大切にしたい慣わしです。さらに夏には七夕やお盆、秋にはお月見や紅葉狩り、年末には大掃除というように、折々に感謝やお祝いの心、恒例行事を表現していきましょう。

また日本の農作業や生活文化と深い関わりがあるのが、太陽の動きを基に作られた暦である「二十四節気」です。お彼岸の中日にあたる「春分」「秋分」のほか、夏の暑中見舞いは「立秋」を過ぎたら残暑見舞いとする、冬の「冬至」には厄除けとしてかぼちゃやゆず、小豆粥をいただくといった風習があります。こうした季節の移ろいをさりげなく意識できると、心に余裕が生まれ、周囲の人からは日々を大切に生きている素敵な人だと思われるでしょう。

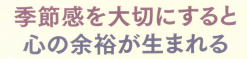

Chapter
5

美しい食べ方で好感度アップ

見た目の好感度がいくら高くても、食べ方でがっかりされてしまうことがあります。デキる大人は食べ方のマナーも心得ています。他人は指摘しづらいことだからこそ、しっかり身につけましょう。

すべての食事に通じる所作の基本

Chapter 5

食べ方には、その人の生き方や育ち方、教養が表れます。周りの方々といい時間を共有し、おいしく食事をいただくためにも、基本のテーブルマナーをおさらいしましょう。

誰もが気持ちよく食事をするための作法

世界の食文化にはそれぞれテーブルマナーがあります。テーブルマナーとは美しく食べるとともに同席の人を不快にさせない気づかいを示す作法です。料理をされた方、配膳の方、食物など、食にまつわるすべてに感謝と敬意を表す行為でもあります。

マナーをふまえ美しい所作で食事ができる人は、育ちのよさや教養を感じさせます。まずは世界共通の基本マナーを身につけておきましょう。

食事のマナーが大事な訳

品がよく見え、好印象を与える
食事に携わる人、食材、自然などすべてに感謝と敬意を表せる
その場にいる人が気持ちよく食べられる
おいしい♪

これだけは守って食事をする

カジュアルでもフォーマルでも、日本国内でも国外でも、最低限これだけは守ってほしい食事のマナーをお伝えします。

食べながら話さない

相手に口の中の食べ物が見えてしまうのは、マナー違反です。話すときは話す、食べるときは食べましょう。

音を立てない

咀嚼音、ナイフ・フォークのカチャカチャ音、日本では許される麺をすする音など、食事中に音を出すことは、国外ではNGです。

一口大に切って食べる

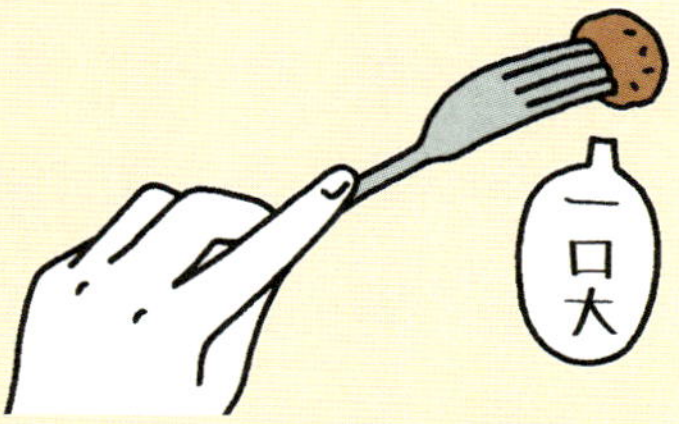

自分の一口サイズを知り、かじり取ったり、口いっぱいにほおばったりしないようにしましょう。

カトラリーやお箸は正しく使う

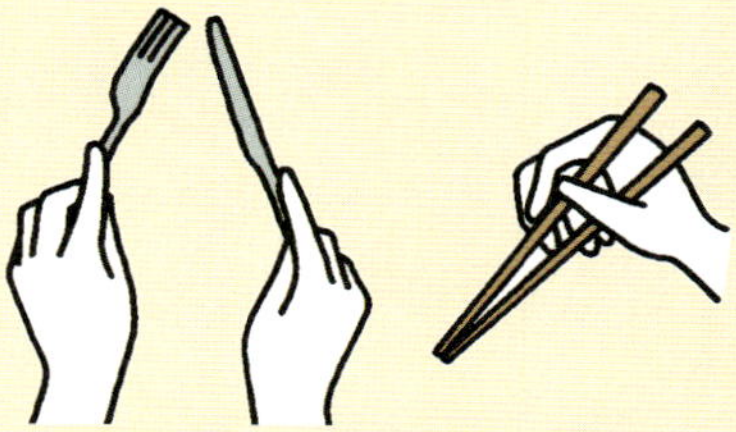

持ち方一つでその人の印象が変わります。正しく持ち、扱い方のマナーも心得ておきましょう。

食べ終わったお皿はきれいに

「立つ鳥跡を濁さず」は食べ終えたお皿にもいえることです。食べ残しは、お皿のすみにまとめておきましょう。

姿勢よく食べる

食事中は、首から背中は一直線をキープ。うつむかないように、上体を前傾します。

Q 和食をいただく際、最も大切にしたいのは？

❖ 装い・香り

カジュアルな装いは避けスーツやワンピースなどがおすすめ。女性はミニスカートやノースリーブなど露出の多い服装は控えます。香水や香りの強い整髪料はNG。

❖ 座布団を踏まない

座布団の横に座ってから、手をついてにじり上がります。座布団を踏んではいけません。

❖ ふすまの開閉は座って行う

立ったままだと室内の人を見下ろしてしまいます。ふすまの開け閉めは座って行います。

正式な和食マナーを身につけることも大切ですが、その前に、日本文化としての和食を理解しておきましょう。毎日何気なく言っている「いただきます」にも深い意味があります。

KEY WORD

- ・「いただきます」
- ・箸使い

POINT 1

「いただきます」の意味を知る

「いただきます」「ごちそうさま」には、日本人の食事に対する考え方（122ページ）が込められています。

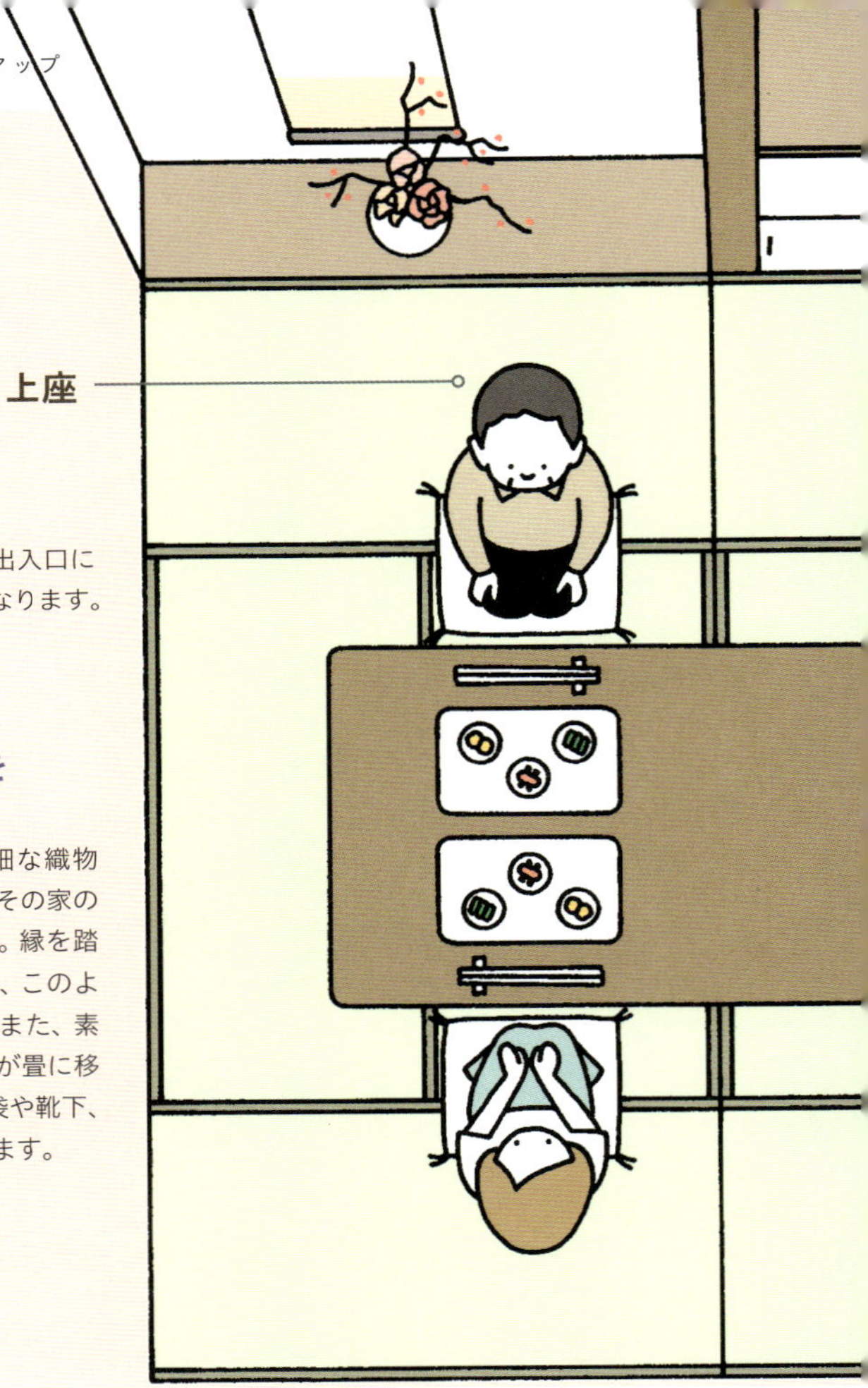

❖ 席次

床の間の前が上座、出入口に近くなるほど下座になります。

❖ 畳のマナーを知る

畳の縁（へり）は繊細な織物が使われていて昔はその家の格を表していました。縁を踏んではいけないのは、このような理由からです。また、素足は足の汗やほこりが畳に移るのでNGです。足袋や靴下、ストッキングを履きます。

会席料理と懐石料理

会席料理はお酒をおいしくいただくための料理で、ご飯と汁物は最後に出されます。懐石料理はお茶席でお茶をいただく前に口にする軽い食事。ご飯は最初から出てきます。

POINT 2

お箸を正しく使う

箸使いのNGである「嫌い箸」は数十種類もあります。それだけお箸は正しく使わなくてはならないものだということです。

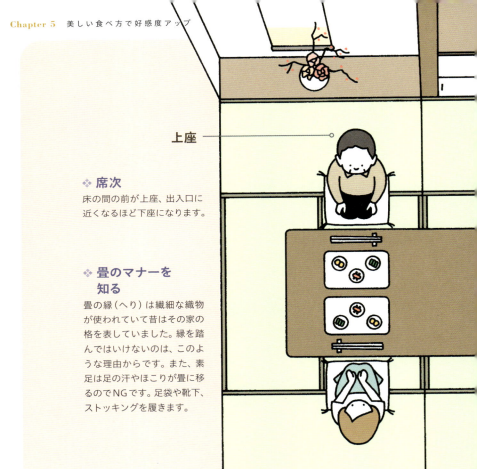

A

「いただきます」を理解し、正しい箸使いで食べること

食事に関わるすべてに感謝を込める

「いただく」は「もらう」の謙譲語。「いただきます」には、食材の命だけでなく、自然、生産した人や調理した人など、目の前の食事に関わるすべてに敬意と感謝の意を表する、日本人の食事に対する考えが込められています。

和食は「箸に始まり箸に終わる」

「箸に始まり箸に終わる」といわれるほど、和食において、お箸の扱いは重要です。
正しく持って使うことは、同席した人と気持ちよく食事をすることにつながります。

食前・食後のあいさつの意味とは

日本の食事マナーで特徴的なのが、食前・食後のあいさつです。「いただきます」は農作物や海・山の幸など、動植物の「命をいただく」ことや、貴重な命を育んでくれる自然の恵みなどに感謝を表す言葉。また「ごちそうさま」の「馳走」は、お客様をもてなすために走り回る姿で、食事を用意してくれた人に敬意や感謝を表す言葉です。**ゆっくり一礼してあいさつをしましょう。**

お箸の扱い方（三手）

※右利きの場合。左利きは逆の手で行います。

置き方

①左手で下から支えます。

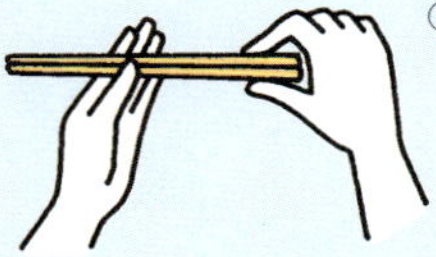

②右手はお箸の上に持ち替えます。

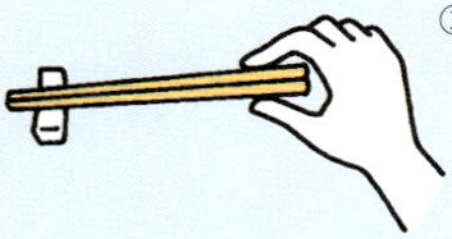

③左手を外し、右手で置きます。

取り上げ方

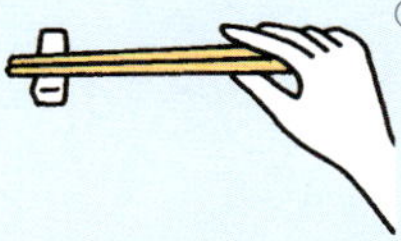

①右手の指先でお箸を上から取り上げます。

②左手で下からお箸を支え、右手はお箸の下側に持ち替えます。

③お箸を正しく持ちます。

箸使いを守って

箸の機能は「つまむ、はさむ、切る、押さえる、すくう、裂く、のせる、はがす、ほぐす、くるむ、運ぶ、混ぜる」の12種類。嫌い箸は周囲に不快感を与えるお行儀が悪い行為です。

嫌い箸の例

- □ 渡し箸（器の上にお箸を渡して置く）
- □ 迷い箸（器の上で箸を動かす）
- □ 刺し箸（料理を突き刺す）

お箸の上げ下げは「三手《みて》」で丁寧に行う

和食のマナーでも特に大切なのが、箸使いです。お箸を取り上げるとき、置くときは片手ではなく、**必ず両手で「三手」で行いましょう**。そうするだけでも、マナーをわきまえた品のあるふるまいになります。

また、お茶碗やお椀を持ち上げていただくのも和食独特の文化です。食器を持ち上げるときは一度お箸をおいて両手で食器持ち上げ、右手を食器から外してお箸を上から取り上げ、左手の指にはさみ、右手をお箸の下側へと持ち替えます。※

※右利きの場合。左利きは逆の手で行います。

Q

レストランで、堂々とふるまうための心得は？

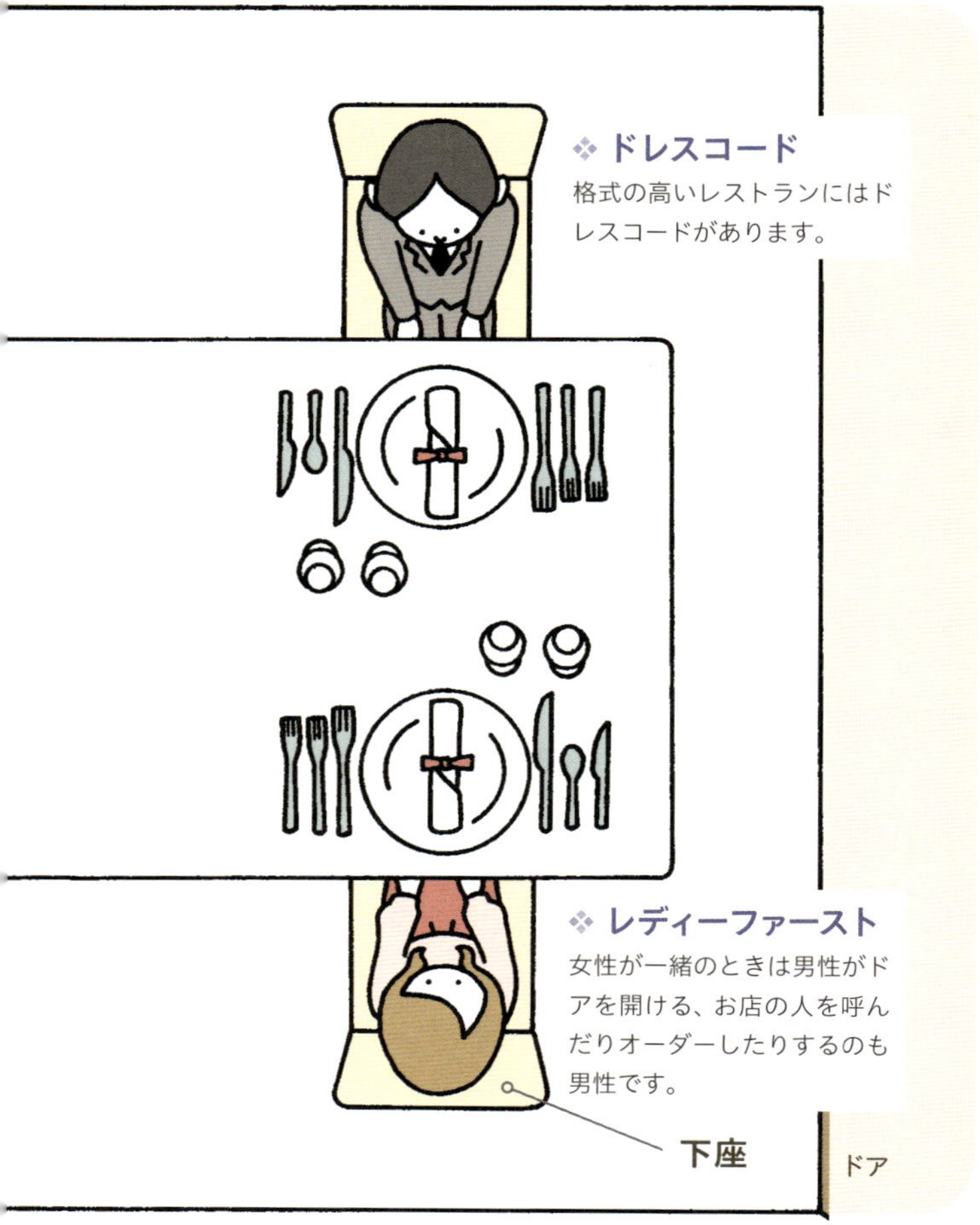

❖ ドレスコード
格式の高いレストランにはドレスコードがあります。
❖ レディーファースト
女性が一緒のときは男性がドアを開ける、お店の人を呼んだりオーダーしたりするのも男性です。
下座
ドア

格式の高いレストランへ行くとなったら、「テーブルマナー、大丈夫かな？」と心配になるものです。同席の方にも、お店の方にも見られて恥ずかしくないように、基本マナーを身につけておきましょう。

POINT 1

姿勢よく入店しおどおどしない

「こんにちは。お世話になります」とあいさつをし、姿勢よく堂々と入店しましょう。お店への第一印象もよくなります。

KEY WORD

- ・姿勢
- ・基本マナー

❖ 席次

入り口から最も遠い席が上座、出入り口に近いほど下座になります。

❖ 椅子に座るとき

椅子の前に進んだらテーブルの近くに立ちます。スタッフが押した椅子が脚に触れたら、ゆっくり腰を下ろします。

❖ 食事中に席を立たない

レストランでは食事中に席を立たないのがマナー。化粧室は席に着く前にすませておきましょう。どうしてもというときはメイン料理が終わってから。

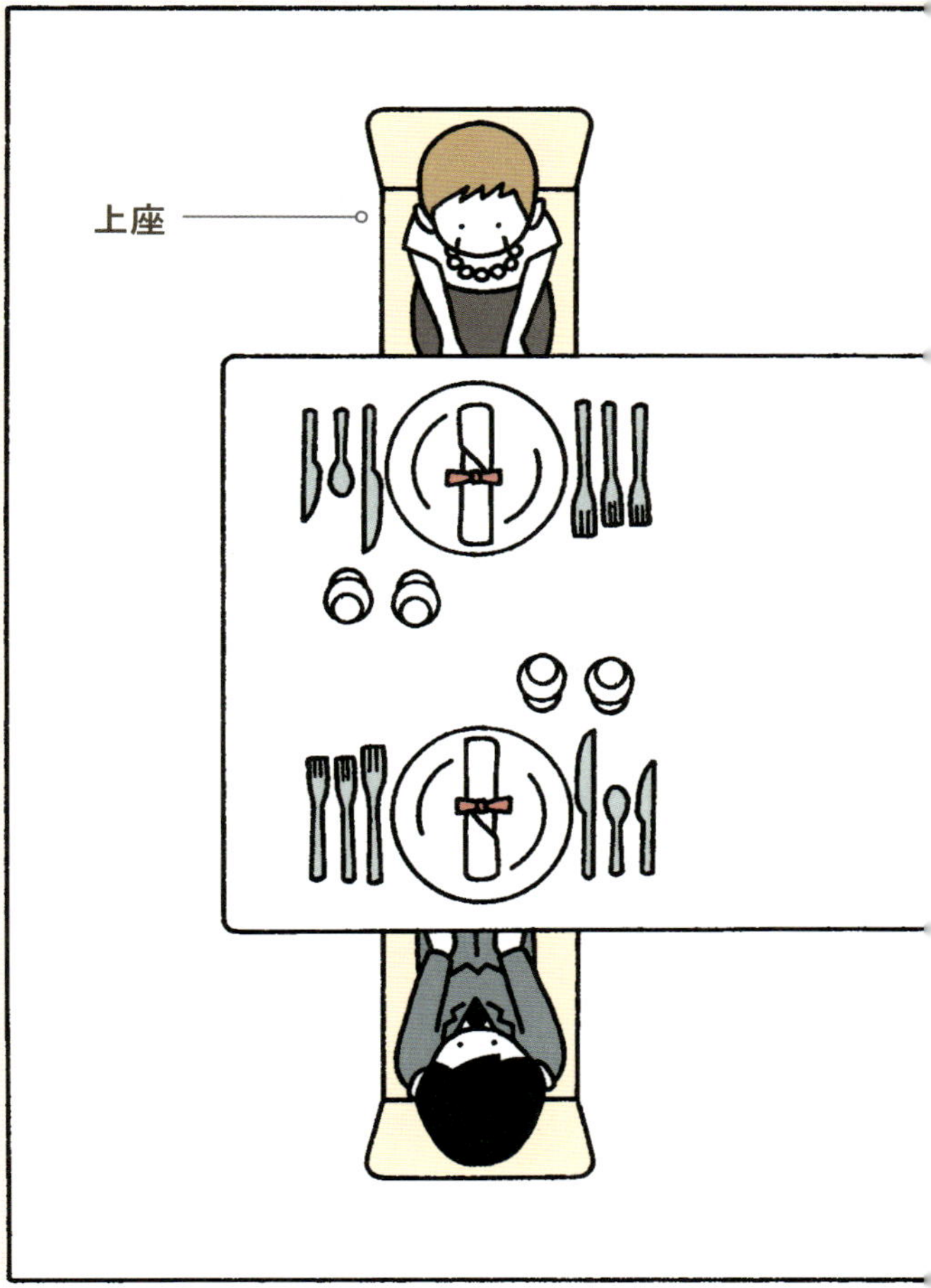

レストランの名前

フランス料理店には、グランメゾン、オーベルジュ、レストラン、ビストロ、ブラッスリー、カフェの６つの名前があり、グランメゾンは最高級レストラン、ビストロやブラッスリーはカジュアルなお店です。

POINT 2

基本のマナーを心得ておく

同席した人たちと楽しく過ごすためにも、基本的なカトラリーの使い方とナプキンの扱い方は、心得ておきましょう。

A 1 カトラリーやナプキンの使い方を心得ておく

カトラリーの使い方

1 カトラリーは外側から使う

カトラリーは一番外側から、料理の出てくる順に使います。

2 ナイフ、フォークの背に人差し指を当てる

ナイフは右手、フォークは左手に持ち、柄の部分を軽く握って上から人差し指で押さえます。肘は張らずに軽く曲げ、リラックスして。

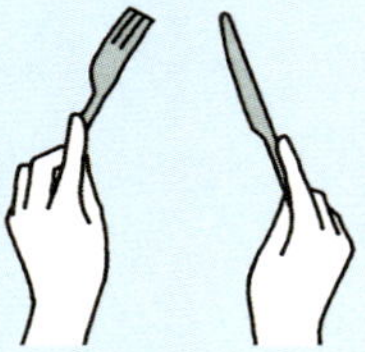

3 ナイフを置くときは刃は内側に

お皿の上に「ハ」の字に置くのは「食事中」、お皿の3～6時の位置にそろえて置くのは「食べ終わりました」のメッセージです。

4 スプーンは右手で使う

スプーンを使うときはナイフとフォークはいったん置いて、右手で持って使います。

※左利きの場合は、右手にフォーク、左手にナイフ（スプーン）を持ってOKです。

フレンチもイタリアンも基本マナーは同じ

洋食のテーブルマナーというとフレンチのコースを思い浮かべますが、イタリアンでも基本的なマナーは同じです。ナイフ・フォークを使って食べるフレンチの起源は、高い食文化を誇った古代ローマ帝国の料理とも言われています。洋食の種類によらず、フォーマル度の高いレストランに行くなら、やはり基本のテーブルマナーをしっかりマスターしておきましょう。

ナプキンの使い方

1 オーダー後、オードブルがくる前に広げる

最初の料理が運ばれる前に広げます。ナプキンを二つ折りにし、折り目（輪のほう）をおなか側にします。

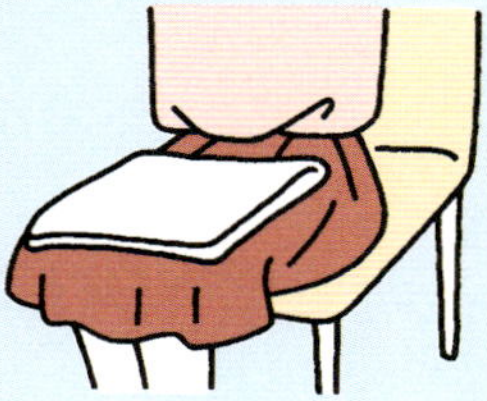

2 食事中、内側で口や手を拭く

ナプキンは口元や手の汚れを拭くためのもの。内側で拭いて、汚れが自分の服に移らないように、人から汚れが見えないようにします。

3 食事を終えたらテーブルの上へ

中座する場合は椅子の上へ。食後は軽くたたんでテーブルの上へ。きれいにたたむのは、「おいしくなかった」のメッセージです。

お皿は持たない・動かさない

和食は器を持っていただきますが、洋食ではお皿を手で持ったり動かしたりはしません。持っていいのはワインを飲むときなど、飲み物のグラスやカップだけです。

ナイフ・フォーク、ナプキンを正しく使う

洋食のマナーでは、和食と違って**お皿はセットされた位置から動かしません**。カトラリーの使い方では、ナイフを置くときは刃を内側に向ける、食事後はフォークを仰向けにする、なども基本マナーの一つです。

ワイングラスの持ち方は日本ではステム（脚）部分、欧米ではボウル部分を持つのが主流ですが、同席の人に合わせればいいでしょう。

ナプキンを広げるタイミングも、確認しておきましょう。

A 2 知ったかぶりをせず、美しい姿勢で楽しく食べる

✔ 食べ方がわからないときはスタッフに聞く

基本的なナイフ・フォークの使い方は知っておきたいところですが、それでも食べ方に迷うことがあります。知ったかぶりをせず、「どのようにいただくのですか？」と尋ねるのがスマート。

カトラリーを落としたり、ワインをこぼしたりしたときもスタッフへ。

✔ 姿勢よく、きれいに、楽しく食べる

「テーブルマナーに自信がなくて食べた気がしなかった」というのでは残念です。自信がなくても、119ページに挙げた基本マナーさえ守っていれば、周囲に不快感を与えることはありません。

姿勢よく、きれいに食べることを心がけ、食事を楽しみましょう。

美しい姿勢を保ち、音を立てずに食べる

食事中は、背筋を伸ばして美しい姿勢をキープしましょう。お皿に顔を近づけ、うつむいて食べると相手に頭頂部を見せることになり、美しくありません。**姿勢を保ったまま上半身を傾け、フォークを口元へ運ぶとスマートです**。また欧米では食事中に音を立てるのは何より嫌われます。うっかり音を立ててしまったときは、小声で「失礼しました」と伝えます。

これはNG

✕ ワインをつがれるとき、グラスを持ち上げる

日本酒やビールと異なり、ワインをつがれるときは、グラスは持ち上げても触れてもいけません。テーブルに置いたまま注ぎ終わるのを待ちます。

✕ フォークを左から右に持ち替える

格式の高いレストランでは、切り分けた料理を食べるときに、フォークを右手に持ち替えるのはNGです。利き手にナイフ、反対の手にフォークを持ちましょう。

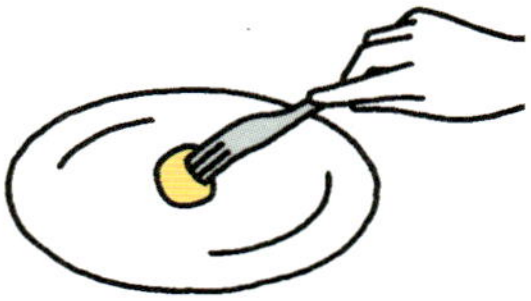

✕ カトラリーを持ったまま身ぶり手ぶり

ナイフやフォークを持ったまま、身ぶり手ぶりで話をするのはマナー違反。刃や先端を相手に向けるのは失礼な行為です。

✕ 手を膝の上に置いたまま

レストランで手をテーブルの下に置くのは「武器を隠し持っている」のメッセージ。食事中はテーブルの上に出し、お皿に添えるなどします。ただし手を出すとはいえ、肘をつくのはNGです。

希望や疑問は、素直にスタッフに伝える

レストランでワインや料理について、知ったかぶりをしないこと。ワインに詳しくないなら「甘めのものが好きです」などと希望を伝え、お任せするといいでしょう。

また創作料理などで食べ方がわからないときは、お店の方に「どのようにいただけばよろしいですか」と確認してかまいません。自分を実際以上によく見せようして背伸びをするより、**知らないことを素直に尋ねられるほうが、ずっと好印象です。**その場に合わせて柔軟にふるまえることも大切なマナーです。

Q 中国料理の基本マナーは？

大皿に盛られた料理を皆で食べる中国料理。豪快なイメージがありますが、中国の文化や国民性を反映した食事のマナーがあります。

KEY WORD
- ・取り分け
- ・円卓

A 大皿料理を自分で取り分けながら食べる

仲間と分け合うのが中国式の食事作法

大皿に盛られた料理を皆で分け合っていただくのが、中国料理のマナーの特徴です。「何でも分け合ってこそ仲間」とする中国の価値観があります。

円卓では目上の人を尊重し、上座の人から順番に自分の分を小皿に取り分けます。豪快に食べるイメージがありますが、食べるときに音を立てないのは共通のマナーです。

❖ 席次

円卓の場合も、出入り口から一番遠い席が上座、出入り口に最も近い席が下座です。

❖ 回転台は共有スペース

回転台の上には料理、調味料、急須など皆が使うものを置きます。食べ終わった自分の小皿を置くのはNGです。

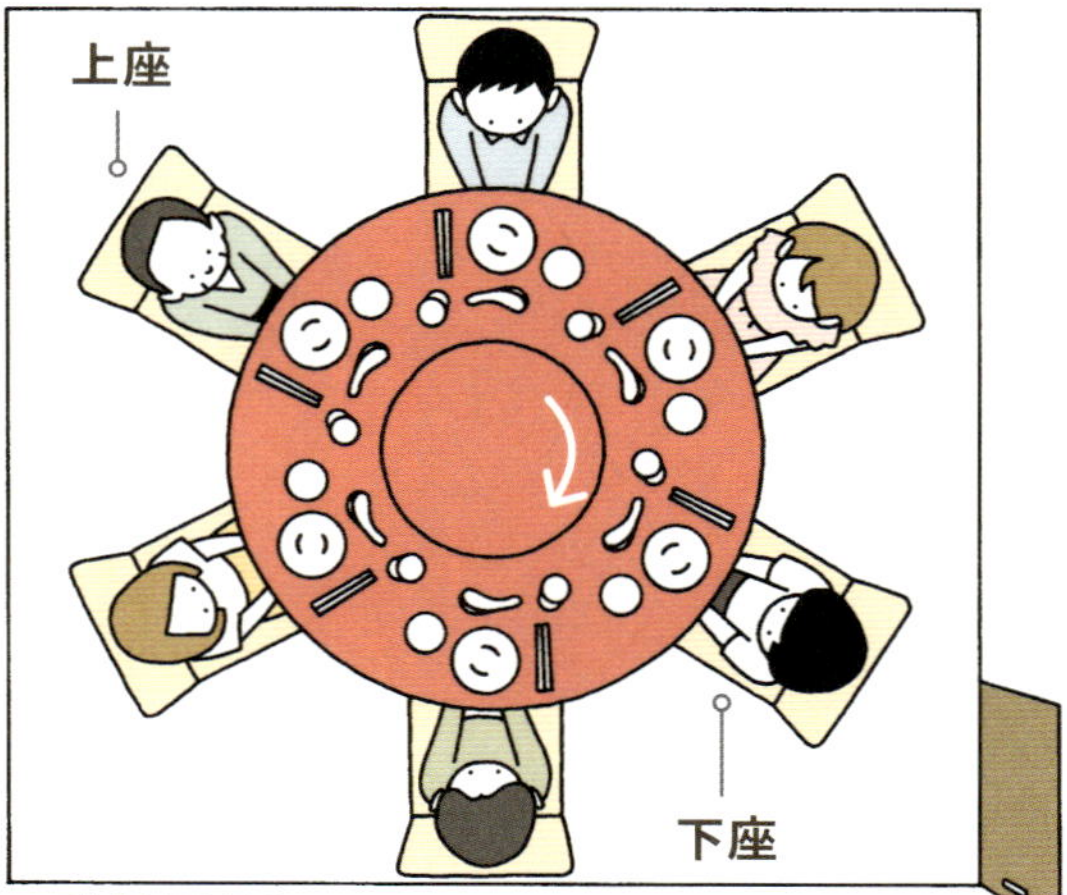

❖ 時計回りに

料理の皿が置かれている回転台は、上座の人が料理を取ったら時計回りに回します。

中国料理の基本マナー

・自分の分は自分で取り分ける

料理は上座の人から自分で取り分けるのが原則です。自分の箸で取り分けていいのですが、取り箸やサーバーがあるときは使います。また、お店の人が取り分けてくれるときはお任せします。

・お皿に口をつけない

取り皿、単品のスープ、麺類、などすべてのお皿と器は、持ち上げたり口をつけたりしません。お箸とレンゲで食べます。

・骨や殻はテーブルに出す

魚の骨、エビの殻などは、自分の取り皿に置くのではなくテーブルに直に置いてよいとされていますが、同席のメンバーのふるまいに合わせましょう。

・麺やスープはなるべく音を立てない

麺類はできるだけ音を立てないように、静かにすすります。スープはレンゲで飲みます。

・料理ごとに新しい取り皿を使う

新しい料理が出てくるたびに、取り皿を新しく替えてかまいません。

Q 飲み物の飲み方は？

訪問先やレストランなどで、飲み物を飲むときの所作は意外と気になります。手の形を意識しましょう。

KEY WORD
・指をそろえる

A 指をそろえて品よく飲む

器によって持ち方を変える

飲み物をいただくときの手のしぐさは、意外に人目につくものです。**器に添える指をきれいにそろえると、見た目にも美しい所作になります。**

また基本的に、湯呑やお椀、おちょこなどの和食器は、両手で扱います。ビール用の小さめのコップは両手で扱ってもいいですが、ティーカップ（ソーサーは別）、ワイングラスは必ず片手で持ちます。

訪問先で飲むときの基本

日本茶

茶碗を利き手で持ち、反対の手を添えて持ちます。

コーヒー・紅茶

ソーサーは置いたまま、カップの持ち手をつまむように持ちます。カップが置かれた場所が遠い場合（ソファやローテーブル）はソーサーを持ってもOKです。

ペットボトル

指をそろえて持ち、顎を上げすぎないようにしながら飲みます。顔を少し横にを向けて飲むと上品です。

✓ 手が決め手！　きれいな持ち方

ワイングラスの持ち方は2種類

日本では、ステム（脚）を持つのが主流となっています。

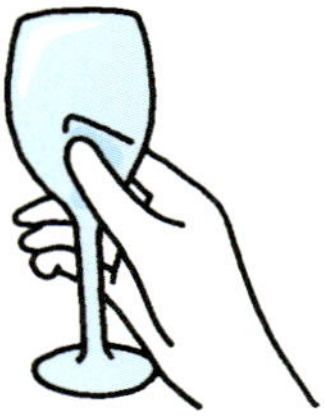

ボウル部分を持つのが、多くの国では一般的です。

和の物は基本は両手で持つ

湯呑や抹茶の茶碗、おちょこなど、和の物は両手で扱うのが基本です。おちょこはついでもらうときも両手で。

指はそろえる

カジュアルなお店でのお冷やのグラスや、カフェのグラスなどを持つときも、指をそろえるのが美しい所作です。

✓ 口紅はティッシュで押さえておく

ワイングラスやコーヒーカップなどについてしまう口紅。少しでも目立たせないためには、席につく前に、洗面所などで軽く唇にティッシュを当てて余分な口紅を落としておきます。

また、一度ついてしまったら、同じ位置に口をつけて跡を増やさない工夫を。

Q 宴会でのふるまいは？

歓送迎会や打ち上げなど、宴会でのふるまいは、好感度を左右します。取り分けやお酌は、その場に合わせて臨機応変に。

KEY WORD

・社内文化

A 気持ちよく飲んだり食べたりできる気づかいを

料理の取り分けやお酌は社内の文化に合わせて

宴会で**幹事を務める人は、入口近くの下座でオーダーをしたり、お酒や料理が各自に行き渡っているかなど、全体に目配りをします。**

日本では料理の取り分けやお酌をするのは若手や女性が多いですが、マナーとしての決まりはありません。社内の文化・風土に合わせ、皆が気持ちよくお酒や食事を楽しめるようにふるまいましょう。

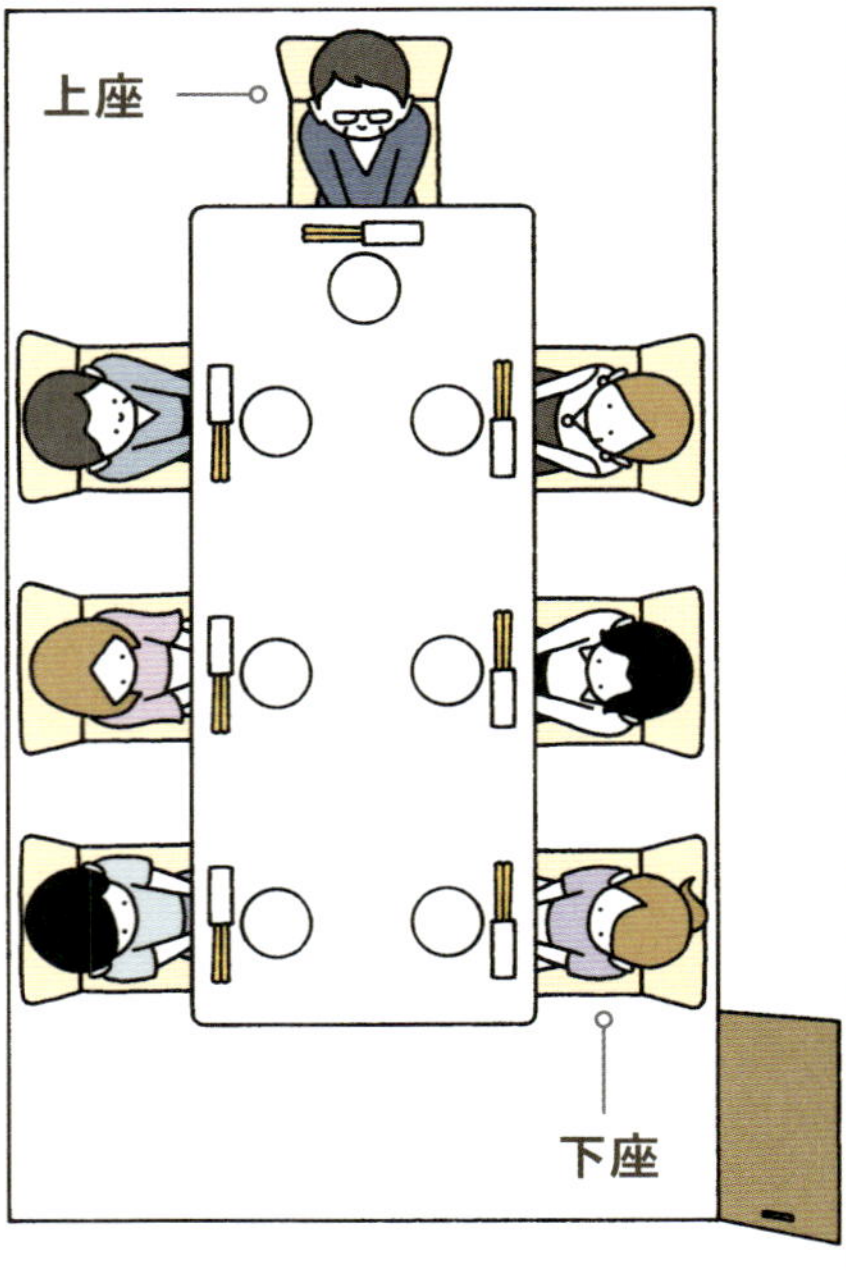

席次

出入り口から一番遠い上座に、その会の主役や年長者が座ります。

下座の人は

下座には幹事が座り、お店側とコンタクトをとります。

取り分けは、社風やメンバーの関係性で柔軟に行う

年上の方が「最初だけ分けますね、後はご自分で」とパパッと取り分ける姿は好感がもてますし、若手社員のお手本にもなります。料理の取り分けは若手がやるものと決めつけず、社風やメンバーとの関係性などによって、自分で取り分けても、誰が取り分けてもいいと考えられると素敵です。

お酒をつぐ、つがれるとき

宴会では、グラスが空になっている人がいたら「おつぎいたしますか？」「何か飲まれますか？」など、声をかけましょう。ビールのつぎ足しは嫌う方もいるので、グラスに少し残っているときは「おつぎしてもいいですか？」と確認を。つがれるときは、グラスやおちょこを両手で持ちましょう。ワインのグラスは置いたままでOKです。

ビール

瓶の中ほどをラベルが上になるように右手で持って、左手を軽く添えます。

日本酒

お銚子は片手で持ってもいいのですが、女性の場合は左手を添えたほうが上品です。

※右利きの場合。左利きは逆の手で行います。

「唐揚げレモン」は各自で

唐揚げのレモンを、断りなしに全体にかけてしまうのは、自分勝手な人。好感度も下がってしまいます。
「レモンをかけてもいいですか？」と聞くか、取り皿に取ってから自分でかけましょう。

Q 食事の会計マナーで大切なことは？

食事後の会計は、どこでどう支払うか、食事のシチュエーションによっても異なります。どんな会計方法でも、スマートにすませたいものです。

KEY WORD
・スマートさ

A スマートな支払いの所作を知る

テーブルやレジ前でもたもたしないよう準備

レストランではお店の方に合図をし、お会計をお願いします。**テーブルで支払うときは、割り勘でも一人が支払い、お店を出てから現金のやり取りをするのがスマートです。**

グループの食事会では、会計時にもたつかないよう、切りのいい金額で割る、会費制にして事前に集金するなどの工夫をしましょう。

テーブル会計の基本

・ジェスチャーやしぐさでお店に合図

テーブル会計のお店では、まずスタッフを呼びます。アイコンタクトをとったり、手を小さく上げて合図をします。サインをするジェスチャーをすれば、お会計だと伝わります。

・「お会計をお願いします」

「おあいそ」は、お店側が使う隠語です。「お会計をお願いします」と丁寧に。

これはNG

✕ 指でバッテンの合図

席で、お店の方に「お会計をお願いします」の意味で両手の人差し指でバッテンの合図をするのは、おすすめできません。上で紹介したようにペンでサインをするジェスチャーがスマートです。

割り勘は大らかに、スマートに

レジでもたつかないように、割り勘の場合でも、先に代表者が支払いをすませてしまいましょう。また、割った金額は十円一円にまでこだわらないのが、大人の割り勘です。

会費制にして明朗にしても

会費を決めて、あらかじめ集金しておけば明朗です。お酒を飲まない方がいるときの飲み会では、不公平感が出ないよう、飲み物は別会計にしたり、飲まない人の会費は安くしたりするといいでしょう。

接待で払うときは相手に気づかれないように

接待のときは招待した側に伝票を渡してもらうように、前もってお店に伝えておきます。支払いは、食事がほぼ終わり、相手が席を立ったときや、自分がレジに行き、カードで支払うとスマートです。伝票や現金が先方の目に触れたりしないよう、相手の見えないところですませましょう。

Q 参加したくなるランチミーティングは？

社内の人とランチを兼ねたミーティングをするなら、まずは参加しやすい会を計画しましょう。

KEY WORD
・目的をもつ

A 目的、日程、費用負担が明確であること

普段と違う雰囲気で関係を深める効果あり

ランチミーティングとは、ランチタイムに行う会議・ミーティングのこと。昼食をとりながら話すため、勤務時間内の会議とはまた違う雰囲気で、柔軟な発想や本音が出やすい、親睦を深められるなどのメリットがあります。

対象のメンバーが参加しやすいようにミーティングの目的や日程、費用負担などを明確にして計画しましょう。

無理のない日程

本来昼休憩では、従業員は自由に時間を使うことができます。メンバーの都合を聞き、無理なく参加できるように調整します。

目的をはっきりさせる

親睦を深めるのか、仕事の打ち合わせなのか、会議なのか。目的をきちんと伝えます。

近場のお店やデリバリーで

限られた時間内で行うので、近場のお店にしたり、社内のフリースペースを利用してデリバリーをしたりなど工夫を。

支払いを明らかに

社内のことなので、食事代は経費であることが多いですが、その旨もきちんと伝え、安心して参加できるようにします。

Q ビジネスランチ、お店選びのポイントは？

ビジネスランチは、取引先と親しくなる絶好の機会です。その第一歩、お店選びについて考えます。

KEY WORD
- 立地
- 話ができる環境

A 雰囲気よく話ができるかどうか

立地や環境、サービスの質などを総合的に判断

おもてなしや新規事業の顔合わせなどに最適なのが、ビジネスランチです。夜の会食ほど気をつかわず、短時間で親しい関係を築きやすいメリットがあります。

お店選びで大切なのは、アクセスのいい立地、個室などの静かな環境、予約が可能、サービスの質など。必ず先方の好みやアレルギーの有無を確認しておきましょう。

❖ 先方の好み

食の好みやアレルギー、時間内に会話も食事も終わるように、食べやすさも考慮しましょう。

❖ 立地

時間が限られているので、先方からアクセスしやすい場所であることが大前提です。

❖ サービスの質

大切なクライアントを招待するので、お店の方の対応のよさも重要です。一度は足を運んで確かめておきましょう。

❖ お店の雰囲気・個室の有無

会議にしても打ち合わせにしても、話をする場なので、騒がしいお店はNG。個室があればキープを。

こうするともっと素敵

好印象なふるまい

その場に合わせた
ふるまいができる

マナーの正解は一つではありません。周りの雰囲気やその場に合わせて、皆が気持ちよく過ごせるようにふるまうのが本当のマナーです。

お店の方への
態度が丁寧

入店時には「こんにちは」「お世話になります」と笑顔であいさつを。退店時は「ごちそうさまでした」「おいしかったです」などと感謝を伝えます。

テーブルは料理を置く
場所と知っている

テーブルは料理を置く場所ですから、テーブルにハンドバッグを置くのはNG。携帯やハンカチなども、置かないように。

ウェイターを
呼ぶときは目で合図

お店の方を大きな声で呼んだり、手を高く上げたりするのは品がありません。目で合図をするか、手を軽く上げる所作で十分です。

写真を撮るときは一声かけてから

写真を撮りたいときは、お店の方に確認し、フラッシュは避け、おいしい状態を逃さないように手早く撮影をします。

盛り付けられた状態をキープ

料理はなるべく崩さずにいただくのが基本です。どこから手をつけていいか迷ったときは「左側の手前から」と覚えておくと安心です。

麺類は分量を考えて取り上げる

麺類を途中でかみ切る食べ方は、品がなく見えます。かみ切らずに一口でいただける量を考えて、箸で麺を取り上げるようにしましょう。

楊枝は洗面所で使う

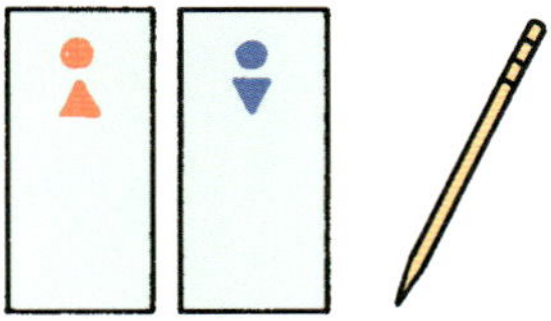

テーブルに楊枝が置いてあったとしても、同席の人の前で使うのは配慮が足りません。楊枝は必ず洗面所で使います。鼻をかみたいときも洗面所へ。

歯型を残さないように食べる

サンドイッチなど直接かぶりつく食べ物のときは、歯型が付かないほうが上品です。一口分を2回に分けて噛むと歯型が目立ちにくくなります。

箸置きがなかったら箸袋に先だけ入れる

箸置きがないときは、お箸の先を箸袋に入れて置くようにするとスマートです。箸袋を折って箸置きを作るのは、あまり衛生的とはいえません。

食事のときに使えるフレーズ

お酒をすすめられたけれど、飲めないとき

「お気づかいありがとうございます。残念ですがアルコールはいただけないので、ウーロン茶をいただいてもよろしいでしょうか？」

断りづらい場面かもしれませんが、礼儀正しく伝えましょう。

ごちそうになった帰りに

「ごちそうさまでした。〇〇が××で、本当においしかったです」

「ごちそうさまでした」だけではなく、何がどのようにおいしかったのか、具体的に伝えるとさらに好印象です。

最後の１つを取る前に

「こちら、どなたか召し上がりませんか」

お料理がお皿に１つ残るのを避けるには、残り２つになったお料理の１つを取る人が、そのタイミングで上記のように声をかけると最後の１つが取りやすく、いつまでも手をつけられない状態を避けられます。

「何が食べたい？」と聞かれたら

「タイ料理か、イタリアンはいかがですか？」

「何でもいいです」と答えるのは好ましくありません。自分の好みのジャンルを２つくらい伝えられると、相手も選ぶことができるので、気の利いた答え方になります。

Chapter
6

普段のふるまいも素敵に

ビジネスシーンに限らず、いつ誰に見られても恥ずかしくないようにふるまいたいもの。あなたを素敵に見せてくれる、日常の所作と気づかいを紹介します。

出先でのふるまい

外に出るといろいろなことに出合います。どんなときも、
余裕をもってふるまうとうまくいきます。

歩道では譲り合って

雨の日は傘かしげをして

雨の日に狭い道で人とすれ違うとき、傘がぶつからないように、傘を外側（相手と逆側）に傾ける“傘かしげ”。憂鬱な雨の日こそ、相手への気づかいが大切です。

どうぞ

狭い歩道でお年寄りや荷物の多い方、ベビーカーなどとすれ違うときは、自然に譲れると素敵です。わずか数秒のことですから、急いでいても「どうぞ」と言える心のゆとりを。

電車内では安全第一でしっかり立つ

背筋を伸ばし両脚をそろえて立つのが基本ですが、揺れる電車内は安全な立ち方で。両足重心で、女性は脚を少し前後にずらすと美しく見えます。

エレベーターでは余裕のある人になる

何階ですか？
3階で…

エレベーターに乗って来られた方に「何階ですか？」と尋ねて操作盤を押す、自分が降りるときは「失礼します」と会釈をするなどの気づかいを。

「見るだけ」でも コミュニケーションを

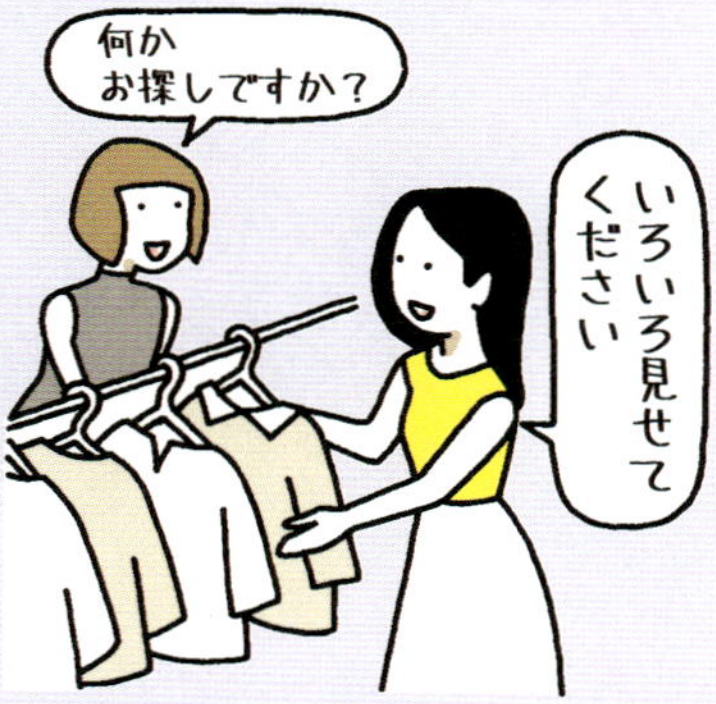

見るだけのつもりで入店したのに「何かお探しですか？」と声をかけられた……。そういうときは「特に決めていませんが、寄ってみました」「いろいろと見せてください」と自然にコミュニケーションを。

タクシーに乗ったら 行先は“住所”も

タクシーに乗ったら、行先は社名や店名だけでなく、住所まで伝えるとスムーズです。乗り降りをする際は43ページを参考に、スマートな所作を心がけましょう。

閉じた傘は、先が 自分の方を向くように持つ

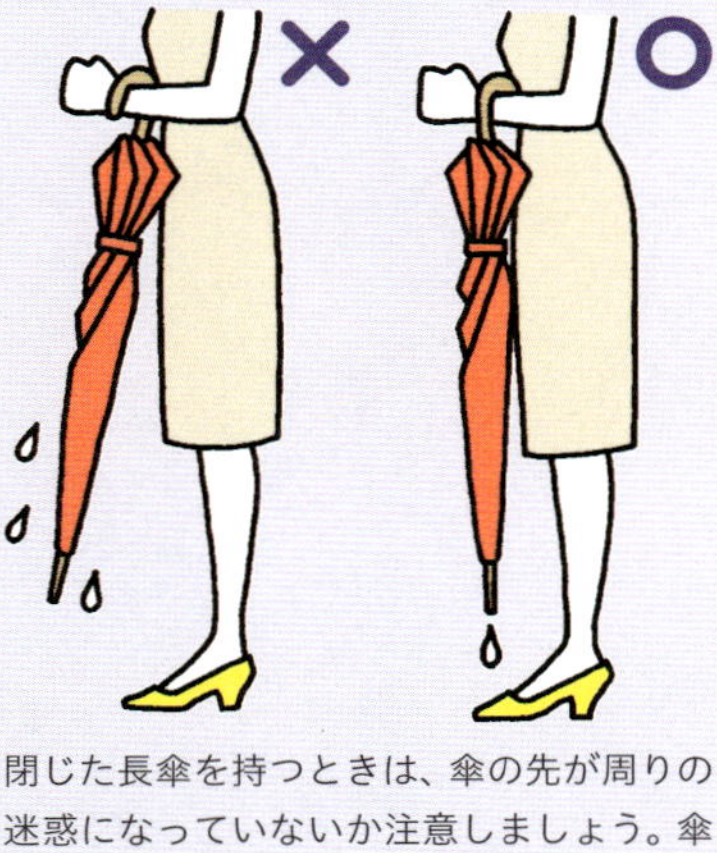

閉じた長傘を持つときは、傘の先が周りの迷惑になっていないか注意しましょう。傘の柄を腕にかける場合、手首の内側からかけると傘の先が他人に向いてしまいます。柄を外側からかけるなどして、配慮します。

写真を撮るときは 周囲に気を配って

写真を撮りたいときは、周囲に気を配り、場所や対象が撮影ＯＫかを確認し、通行のじゃまにならないようにします。人気の撮影ポイントであれば、譲り合う余裕も必要です。

ぬれた傘は水滴を広げないように処理する

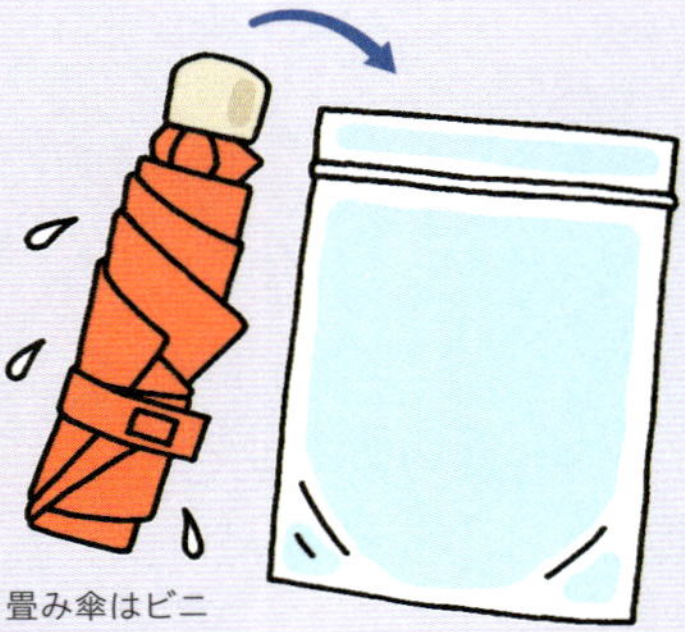

折り畳み傘はビニール袋へ入れる

ぬれた折り畳み傘は、畳んでタオルなどで軽く水滴を拭き、傘袋に収納します。折り畳み傘をバッグに入れて持ち歩くときは、バッグの中の物がぬれないように、別途ビニール袋などを用意しておくと安心です。

傘の水滴で人の衣類や通路などをぬらさないように注意します。長傘は、人のいない場所で傘の先を下に向けて水滴を切り、ベルトで留めて傘立てに置きます。屋内に持ち込むときは傘専用のビニール袋に入れても。

雨の日はタオルを多めに持つと安心

大雨の中で取引先を訪問し、びしょぬれのまま対面……というのでは先方に気をつかわせてしまいます。悪天候が予想されるときはタオルを多めに用意しておき、現地でぬれた衣類やカバンを拭き、身なりを整えてから訪問するようにしましょう。

ジャンプ式傘を開くときも手を添えて

ジャンプ式傘は、片手のワンプッシュで傘を開くと周りに水滴を飛ばしたり、開いた傘がぶつかったりすることも。周囲に人がいるときは、片手でろくろ（傘骨をまとめるパーツ）を押さえ、もう一方の手でボタンを押して、ゆっくり開きます。